中国优秀传统文化与高职生德育研究

徐 平 著

北京工业大学出版社

图书在版编目（CIP）数据

中国优秀传统文化与高职生德育研究 / 徐平著．—
北京：北京工业大学出版社，2022.1
ISBN 978-7-5639-8243-1

Ⅰ．①中… Ⅱ．①徐… Ⅲ．①中华文化—关系—高等职业教育—德育工作—研究—中国 Ⅳ．①K203 ②G711

中国版本图书馆 CIP 数据核字（2022）第 026928 号

中国优秀传统文化与高职生德育研究

ZHONGGUO YOUXIU CHUANTONG WENHUA YU GAOZHISHENG DEYU YANJIU

著　　者：徐　平
责任编辑：张　贤
封面设计：知更壹点
出版发行：北京工业大学出版社
（北京市朝阳区平乐园 100 号　邮编：100124）
010-67391722（传真）　bgdcbs@sina.com
经销单位：全国各地新华书店
承印单位：北京银宝丰印刷设计有限公司
开　　本：710 毫米 ×1000 毫米　1/16
印　　张：10.25
字　　数：205 千字
版　　次：2022 年 1 月第 1 版
印　　次：2022 年 1 月第 1 次印刷
标准书号：ISBN 978-7-5639-8243-1
定　　价：60.00 元

作者简介

徐平，女，汉族，1982 年 9 月出生，湖北随州人，硕士，现为海南政法职业学院马克思主义学院讲师，主要研究方向为大学生思想政治教育。曾在省级、国家级期刊发表论文多篇，并且参编了专著教材，参与了多项省级、校级课题等。

前　言

如今，随着社会经济的高速发展和科技水平的迅猛提高，高级技术型人才的重要性日益凸显，高职教育担负着为国家培养并输送生产、建设、管理、服务第一线高素质技术应用型人才的重任。精湛的专业技术的培养是高职教育工作的重点，高尚的思想道德素质教育更成为高职院校工作的重中之重。这对于全面实施科教兴国和人才强国战略，确保我国在激烈的国际竞争中始终立于不败之地，加快推进社会主义现代化的宏伟目标有着深远意义。而在“国学热”的大环境下，优秀传统文化的德育功能日益凸显，对优秀传统文化的继承与发扬成为各级学校德育工作的重点。

全书共六章。第一章为中国优秀传统文化与德育教育，主要阐述了中国优秀传统文化和德育教育的内容；第二章为中国优秀传统文化与德育教育的关系，主要阐述了中国优秀传统文化和德育教育的内在契合、中国优秀传统文化的德育教育资源以及中国优秀传统文化的德育价值；第三章为中国优秀传统文化视域下高职德育的现状，主要阐述了高职德育的现状和中国优秀传统文化融入高职德育存在的问题；第四章为中国优秀传统文化与高职生德育相融合的意义，主要阐述了中国优秀传统文化与高职生德育融合的必要性、中国优秀传统文化与高职生德育融合的可行性以及中国优秀传统文化与高职生德育融合的价值；第五章为中国优秀传统文化在高职生德育教育中的运用，主要阐述了中国优秀传统文化在高职德育中的隐性彰显和中国优秀传统文化在高职德育中的运用实效；第六章为中国优秀传统文化与高职生德育相融合的原则和路径，主要阐述了中国优秀传统文化融入高职生德育的实施原则和中国优秀传统文化融入高职生德育的路径。

为了确保研究内容的丰富性和多样性，笔者在写作过程中参考了大量理论与研究文献，在此向涉及的专家学者表示衷心的感谢。

最后，限于笔者水平，本书难免存在一些不足，恳请各位同人和读者批评指正！

目　录

第一章　中国优秀传统文化与德育教育

经过五千多年的沉淀，中华民族在悠久的历史长河中逐渐形成了自己独特的优秀传统文化。中国优秀传统文化容纳了儒家、道家、佛家等各家学说的精髓，更包含了很多自然科学与人文科学发展的内容。中国优秀传统文化偏重于德育教育，是培养人形成正确、积极、健康的世界观、价值观和人生观的重要途径，其不仅在推动社会发展方面起到积极作用，更在世界文化领域树立起独具中国魅力的文化旗帜，影响了世界文化的整体发展。本章分为中国优秀传统文化和德育教育两部分，主要包括中国优秀传统文化产生的背景、中国优秀传统文化的内涵、中国优秀传统文化的基本特征、中国优秀传统文化的基本精神等内容。

第一节　中国优秀传统文化

一、中国优秀传统文化产生的背景

（一）地理环境

1. 中国地理环境的特点

中国古代自然地理环境从总体上讲，是一个幅员辽阔但又因四周自然条件恶劣而相对封闭的暖温带大陆。具体来说，大致有这样一些特点。

（1）相对独立封闭

中国地处亚洲大陆东部、太平洋西岸。除东部及东南面向茫茫的海洋，形成了大陆与海洋的天然阻隔，东北、北部、西北、西部、西南都与欧亚大陆连接，却被雪原、河流、沙漠或高原峻岭所阻隔，形成了一个相对封闭的地理环境。

具体来说，中国西北面是帕米尔高原以及高原以外茫茫无际的沙漠戈壁，帕米尔高原向四方延伸出几条大山脉，把亚洲分为东亚、西亚、南亚和北亚。这里高山峻岭耸峙、山路崎岖，虽汉代已开通了丝绸之路，有一线可通，但这干旱、寒冷、荒凉之地，在古代始终是少数人才能到达的；中国西南面是不可逾越的世界屋脊——青藏高原和艰险难行的横断山脉及其江河、热带丛林，这形成了中国与南亚、东南亚的天然阻隔；中国正北面是广袤无垠的草原，虽然地势起伏不大，但是在古代中国，从贝加尔湖到外兴安岭一线因严寒等原因当地各族又几无交往，形成了一个人文间隔带；中国东南面为一望无际、难以逾越的太平洋，这些天然的地理障碍把古代中国与外部世界隔离，形成了相对封闭隔绝的自然环境，也使中国在世界范围内成为一个相对独立封闭的地理单元。

（2）地势西高东低

中国地势西高东低，依次递减，自西向东呈现出三大阶梯式的地形地貌。青藏高原为第一阶梯，平均海拔在 4000 米以上，号称“世界屋脊”。青藏高原以北以东为第二阶梯，平均海拔 1000 ~ 2000 米，蒙古高原、黄土高原、云贵高原、塔里木盆地、准噶尔盆地、四川盆地相间分布，地形复杂多样。第三阶梯为北起大兴安岭，中经太行山，南至巫山、雪峰山一线以东的中国东部地区，平均海拔在 500 ～ 1000 米。海拔 200 米以下的东北平原、华北平原、黄淮平原、长江中下游平原及江南红土盆地都分布在这一地区。

（3）季风气候显著

全国各地干湿冷暖差别很大。就干湿度而言，中国大陆因距离海洋远近形成了从东南向西北由湿润、半干旱到干旱的逐渐递变。东部阶梯除华北地区一般湿润多雨，中部阶梯除云贵高原一般为半干旱、干旱气候，西北内陆则成为最干旱的地区。就冷暖度而言，中国大陆由南向北以名山大川为天然分界，呈现出热带、亚热带、暖温带、中温带、寒温带的渐次递变。具体来说，台南、滇南一线以南为热带，以北至秦岭、淮河一线为亚热带，以秦岭、淮河以北至长城一线为暖温带，长城以北、以西为中温带，大兴安岭、黑龙江一带为寒温带。

2. 地理环境对中国传统文化的影响

地理环境又称自然环境，是指人类生产生活的物质基础和生存空间的自然地理要素的总合。人类生存不能脱离地理环境提供的空间，地理环境给人类文化创造活动提供了特定的舞台，它是人类文化得以产生的基石，是人类历史发生、发展的前提之一。地理环境对中国传统文化产生了巨大的影响。

（二）经济基础

农耕经济是中国古代社会最基本的生产经济形态，农业给古老的中华民族提供了基本的生存资料，创造了相应的文化环境，规定了特定的政治道路，影响了中国传统畜牧业、手工业和商业的发展。因此，农耕经济是中国传统文化最深厚的经济基础。

1. 农业的起源

关于农业的起源，我国古籍中虽然保留了种种传说，如《周易》记载了神农氏“斫木为耜，揉木为耒，耒耜之利，以教天下”的伟大发明，《史记》中记载了黄帝“时播百谷草木，淳化鸟兽虫蛾”的事迹，但是，农业的产生并不是某个地区、某一两个英雄人物的功劳，而是由广大劳动人民一起劳动创造出来的。新石器时期的仰韶文化和龙山文化，就展现了中华民族从渔猎向农耕过渡的历史风貌；屈家岭文化，以及钱塘江流域的河姆渡文化，也显示了先民辛勤耕耘、繁衍生息的时代痕迹；黄河中下游一带的中原先民是粟、黍等农作物栽培的发明者；长江中下游一带的南方先民则是水田稻作的发明者。古代诗歌记载的“日出而作，日入而息，凿井而饮，耕田而食”就反映了夏、商、周时期，先民从事农业生产的繁忙景象。农业早在三代（夏、商、西周）时期就已经成为中原华夏民族社会生活资料的主要来源。

2. 农耕文明的飞跃

随着历史的发展以及经验的积累，中国农业生产实现了六次较大的历史飞跃。第一次飞跃是在春秋战国时期，主要表现为铁制农具的广泛使用、牛耕的广泛推广、水利灌溉工程的大力兴修、耕地的大量垦辟等，这些使得农耕区域向土肥水美的长江流域扩展，出现了小农经济。第二次飞跃是在秦汉时期，由于耧车、代田法的出现，以及以铁犁为代表的生产工具的改进，大大提高了生产效率和生产效益，促使农耕向西北方向扩展，关中也出现了大大小小的灌溉区，全国垦田面积达到800万顷，人口达到5900万。第三次飞跃出现在魏晋南北朝时期，由于北方战乱，黄河流域的农业生态环境不断恶化，迫使中原地区的农耕男女大批向南迁移，为南方的农业带去了先进的生产方法，南方农业得到了迅速发展，长江以南、五岭以北，以及巴蜀一带逐渐成为我国重要的农业区。第四次飞跃是隋唐时期，南方优良的自然气候条件和生态环境，是农耕经济发展的天然动力，中国的农业经济中心开始移向长江中下游地区，这一地区迅速成为京都及边防粮食和布帛的主要供应地，也逐渐成为中央政府的主要财政来源地，所谓“天下以江淮为国命”。第五次、第六次分别出现在唐宋两朝。唐宋至明清，以简车、曲辕犁、梯田、施肥、套种、育种、园艺、农书编纂等为代表的工具、工艺、技术远远走在了世界的前面。从这六次飞跃中不难看出，中国的农耕文明在慢慢地向南方转移。

（三）社会背景

人类社会遵循共同的发展规律，从原始形态向更高、更复杂的形态进化。文化间的各要素相互渗透、相互联系、相互干预，并与社会构成了统一的有机体。在漫长的历史长河中，社会结构经常处于相对稳定的状态中，为中国传统文化的形成提供了重要的条件。中国传统文化的社会环境独具东方色彩，它的最大特点主要体现在，以血缘为纽带的宗法制与君主专制相结合的社会伦理关系体系在传统社会中发挥着极其重要的作用。

1. 血缘宗法制度

中国传统社会的血缘宗法制度是在古代社会宗族普遍存在的基础上形成的。所谓血缘宗法，就是以血缘关系为基础，在尊祖敬宗的前提下，区分尊卑长幼，规定继承秩序，确定宗族成员权利和义务的法则。血缘宗法是以血缘为核心、以宗族为根基的一种社会制度。血缘宗法制度是由氏族社会的父权家长制演变而来的。父系氏族公社后期，父权家长支配着家庭内部的所有财产和家庭成员，具有很高的权威。父权家长死后，他的权力和财产都需要有人来继承，于是便规定了一定的继承秩序。而一代代父权家长生前的功业和权威，在其死后仍然使人敬畏，子孙后代幻想得到他们亡灵的庇佑，于是便出现了对男性祖先的崇拜。中国自夏启子承父业建立第一个王朝——夏朝时起，宗法便开始萌芽，至殷商而成雏形。周朝建立后，宗法制度最终确立并逐渐形成一张庞大、复杂的血缘网络。西周时期，宗法制度确立以嫡长子继承制为基本特点的权力分配制度。它最直接的根源就是原始社会末期的父权家长制。父系嫡长子继承制是血缘宗法制度的核心，即周王为天下大宗，由嫡长子任宗子，为王位继承者；庶子为小宗，封为诸侯；诸侯又成为本支的大宗，其嫡长子为诸侯的继承者，其庶子为小宗。如此一级一层地推演下去，形成社会阶层的宝塔结构。这就是所谓“立嫡以长不以贤，立庶以贵不以长”。这种制度不仅用血缘亲情维系了王权的威严与稳定，更有效地避免了统治阶级兄弟间为争夺权力和财产而引发暴乱。血缘宗法制为国家政权提供了维系统治核心的纽带，国家政权也在不断地利用和依赖着血缘宗法制度，二者使国君拥有了对国家的绝对权威。但是到了春秋战国时期，由于诸侯争霸、战火连连，周天子大权亦岌岌可危，血缘宗法制开始动摇，但血缘宗法制的精神始终贯穿整个中国古代社会，并以另外的形式顽固地存在于整个中国封建社会时期，这就是所谓的家族制度，或者也叫作宗族制度。

2. *君主专制制度*

中国古代社会政治结构的另一个显著特征，就是君主专制的官僚体制。这种体制在中国大地上存在了两千多年，开始于战国末年，完成于秦汉之际。具有起点早、以武力为先导、延续时间长的特点。

司马迁说："轩辕之时，神农氏世衰，诸侯相侵伐，暴虐百姓，而神农氏弗能征。于是轩辕氏乃习用干戈，以征不享，诸侯咸来宾从。"从此，轩辕氏一发不可收，运用武力扫平一切障碍，成了黄帝。黄帝之后，统治者无不用武力来巩固自己的权力与地位。《史记》记载，"益干启位，启杀之"，"有扈氏不服，启伐之"。商朝建立之后，商王更是肆无忌惮地运用武力南征北战，开疆拓土。

周王朝虽然实行分封制，但实际上也是一种专制制度。如诸侯要定期朝觐周天子，"一不朝，则贬其爵；再不朝，则削其地；三不朝，则六师移之"。之后，秦始皇统一了六国，建立了中国历史上第一个统一的中央集权的封建专制王朝。秦朝时期，中央实行三公九卿制，官员一律由皇帝任免。到了汉朝，不仅继承了秦朝的制度并在此基础上继续发展，形成了"内朝"压外朝的格局。三国两晋南北朝时期，君权得到了进一步加强，相权逐步削弱。隋朝确立了三省六部制，此后宋辽金元时期，中央集权得到了更大的发展，严厉限制、防范地方割据，军权、政权、财权、司法权全部收归于朝廷。明清时期，君主个人专权更为突出，主要表现为明朝内阁、清朝军机处的设立。

总而言之，中国古代的血缘宗法制、君主专制制度产生于特定的社会历史进程中，在迈出人类文明第一步的同时，中国政体走上了一条不同于西方的道路，形成了独具一格的政治制度。

二、中国优秀传统文化概述

中国优秀传统文化在其自身的发展历程中，形成了丰富独特的内涵，需要认真考究，从而凝练它的现实价值，推动中华文化的弘扬，保障我国在世界舞台上的话语权、主动权。要了解中国优秀传统文化的丰富内涵，首先必须对中国优秀传统文化进行准确的界定，明确中国、传统以及文化各自的含义，并且分清文化传统与传统文化之间的异同。

（一）中国优秀传统文化的基本概念

文化在广义上是指人类在改造自然世界的实践活动中，所积累的生产物质和精神的能力，以及所创造的物质和精神财富的总和。在狭义上来讲，文化一般指人类的精神生产能力和创造的精神财富。传统文化是指一个国家和民族在长期劳动实践的历史中，创造与积淀的物质文明及精神文明的文化遗产，是一个国家和民族的独特精神体现。

中国优秀传统文化自然就是指中华民族历经几千年的实践，在自己生存的土地上，创造、积累并且传承下来的物质与精神财富的总和。中国优秀传统文化反映了中华民族的特点和风貌，是各民族思想、文化、行为的历史积累，是中华民族几千年历史的结晶，具有鲜明的民族特色。

中国优秀传统文化除了主体思想外，还包含了大量的人文、自然学科的内容。例如，音乐、美术、哲学、历史、法学以及中医、地理、天文等。

英国哲学家罗素在1922年所撰著的《中国问题》一书中就曾说过："我们文明的显著长处在于科学的方法，中国文明的长处则在于对人生归宿的合理理解。"

这是对中国优秀传统文化的一种深刻认识和高度概括，简明扼要地说明了中国优秀传统文化的主体思想是培养个人的人生观，也就是我们所说的道德修养。在整个中国传统文化体系中，道德思想要求和个人修养贯穿始终。它包含了培养重义轻利的价值观，自强不息、乐观向上的人生观，高尚的爱国主义、集体主义情怀等思想内容。这正是当代大学生要树立的人生观和价值观。

中国优秀传统文化包含了两个概念，即传统和文化。

1. 传统

纵向曰"传"，横向曰"统"。前者是指时间上的历史延续性，是指那些过去存在的至今仍然起作用的、代代相传的东西。而后者是指空间的拓展性，也指权威性传统这个历史大一统的概念，它在历史的延续中积淀下来，又随着历史的发展而变迁。没有延续和稳定就不能成为传统，同时，没有发展和变迁，也不能成为传统。因此，引申出一个纵横发展的概念"传统"。不同历史时期的传统，其内涵随着时代的改变也在不断地变化和发展。

2. 文化

（1）文化的定义

文化，《说文解字》记载，“文，错画也，象交文”，意即各种相交错的纹理，如布帛丝线交错称布纹，掌上纹理交错称掌纹，日月星辰交错称天文。《尚书》注疏中解释“文明”一词时注到“经天纬地曰文”。而“化”本意为事物形态或性质的改变，有改易、生成、造化之意，引申为教行迁善之意。是故，“文化”包含“以文教化”之意。

文化分为广义的文化与狭义的文化。广义的文化是指人类社会历史实践过程中所创造的物质财富和精神财富的总和。

而狭义的文化，除了指社会的意识形态以及与之相适应的制度和组织机构外，有时又专指文学和艺术，如“文化部门”等。

中国传统文化是中华民族在中国本土创造的文化，它是中华民族在特定的地理环境、经济条件、政治结构和意识形态的作用下，世代形成、积淀，并为大多数人所认同而流传下来的中国文化，涵盖了经济、政治、道德、艺术等方面。

（2）文化的结构

广义上的文化，涵盖了人类所创造的一切物质和精神的成果。作为完整、动态的有机系统，文化是由“三个层面、四个方面”构成，三个层面即表层、中层、深层，四个方面分别为物质文化、制度文化、行为文化、精神文化。其中，物质文化处于文化结构的表层，制度文化和行为文化处于文化结构的中层，精神文化处于文化结构的深层。

①物质文化。物质文化或称物态文化，是人类从事的物质生产活动及其成果的总和。物质文化构成整个文化的基础，是文化中相对活跃的因素。物质文化围绕人类自身生存发展所必需的衣、食、住、行等条件而创造，其成果表现为具体的文化事物。物质文化反映了人类认识、利用和改造自然的程度和结果。人类在漫长的历史发展过程中，一直在利用周围的自然环境来为自己的生存和发展服务，并随着社会生产力的不断发展，逐渐丰富和改善自身的物质文化，形成了内容丰富、绚丽多彩的饮食文化、服饰文化、车船文化和建筑文化等。

②制度文化。制度文化是人类在社会实践过程中形成和建立的各种典章制度、规范和准则等，它是人类处理复杂社会关系过程中产生的行为准则，是文化系统中最具权威的因素。制度文化表现为人类的政治制度、经济制度、法律制度、家族制度、婚姻制度、宗教制度等，它是一种硬性规范。

③行为文化。行为文化是人类在长期的社会实践中，尤其是复杂的人际交往中约定俗成的行为定式，是以各种礼仪、民风、民俗等形态表现出来的文化事象。它见于人们的日常生活之中，亦称民俗文化。相对于制度文化，行为文化是一种软性约束，是具有鲜明民族性和时代性的行为模式。

④精神文化。精神文化又称心态文化，或者说是思想文化。它是人类在长期的社会实践和意识活动中孕育升华出来的价值取向、审美情趣、道德情操、思维方式、宗教感情、民族性格等的总和，集中地体现在人类的哲学、文学、宗教、艺术等方面，它构成了文化的核心部分。精神文化同样具有较强的时代性和民族性。

⑤文化四个方面之间的关系。物质文化、制度文化、行为文化、精神文化虽属文化构成的不同层次和方面，但同属一个有机的整体，相互间既有区别又有联系，相互依存、相互渗透、相互制约、相互推动。四个方面的文化都属于人类行为和思维活动的产物，其中，物质文化主要反映了人与自然的关系，制度文化和行为文化主要反映人与人、人与社会的关系，精神文化则反映了人与自我的关系。在它们的相互关系上，物质文化往往成为制度文化、行为文化和精神文化的载体；制度文化和行为文化则制约、影响着物质文化和精神文化的创造；精神文化既源于其他三种文化，也影响、规范和指导着这三种文化。

（二）文化传统与传统文化

文化传统与传统文化之间有着怎样的关系，这是前些年学术界讨论的一个热点问题。庞朴先生曾提出："传统文化是过去已经完成的那些东西，是'死的'，而文化传统是'那个活的东西'。"他认为："文化传统是形而上的'道'，传统文化是形而下的'器'；道在器中，器不离道。"

从这种观点出发可以认为，传统文化是已经完成的文化，是已经定格在某一历史时期的静态凝固体；而文化传统是现在进行时的现实中的文化，是伴随社会历史发展的动态流体。而且，一个能延续下去的民族文化，总是存在于其文化传统中。

文化传统作为一种民族精神特质，包含在中国传统文化之中。而中国传统文化并不是一种静态过去式的存在，正如前面对传统一词的解释，传统文化是随着时代的变迁而纵横发展的，通过传播和吸收时代精神不断壮大的，不断吐故纳新的一种动态文化。

（三）中国优秀传统文化的丰富内涵

中国优秀传统文化内涵博大而精深，对中国优秀传统文化的阐释是多种层次和多种角度的，我们很难找到一个单一的维度将其一一厘清。

从内容的延展性上讲，它涵盖经济、政治、文学、艺术、哲学、建筑、科技等物质层面和精神层面。从思想的延续与继承上来说，它是以传统文化为主导，辅以百家之长的一种圆融和谐的文化。从时间的跨度上来看，新文化运动以前，它经历了漫长的原始社会、沉重的奴隶社会和两千多年的封建帝制社会，五千年的酝酿与积淀，造就了中国优秀传统文化的厚重与精深。“它博大到上下五千年纵横数万里，它又精深到取其沧海一粟，便足以受益终身。”当然，并不是中国历史上存在过的所有文化都属于中国优秀传统文化，传统文化是一种随着时代的改变而不断变化和发展的文化形式，文化经历着一个不断代谢的过程，即发展—自我否定—发展的过程。那些在长期历史演变中积淀下来的，具有顽强生命力的文化不断丰富着中国优秀传统文化的内容。中国优秀传统文化在促进时代发展的同时，也在吸收时代的精华丰富自身。

三、中国优秀传统文化的基本特征

（一）整体性

中国优秀传统文化的核心特征是其整体性。一方面，中国几千年的传统封建社会属于农耕文明社会和自然经济社会，农耕文明社会和自然经济社会要求通过群体的力量来实现民族的生存与发展。中国优秀传统文化的优秀成果就是站在国家整体的角度进行研究的，因为中华民族始终把群体利益置于个体利益之上。这种群体性精神强调一种对他人、对社会的人伦义务。

另一方面，中国优秀传统文化博大精深，源远流长，只有在比较全面地了解了中华文化各个门类的基础上，才有可能对其总体特征与实质获得较深入的理解。事实上，整体性把握文化，本身就是中国优秀传统文化的基本精神之一。中国优秀传统文化的整体性体现为注重以血缘、亲情为纽带的家庭关系，个体的生存和发展依赖于家庭、国家的生存和发展。中国优秀传统文化的整体性对中华民族凝聚力的提升和统一国家的形成与发展起到了重要作用，并促成了中国整体主义和集体主义的形成与发展。

（二）统一性

中国优秀传统文化源远流长，其所以能顽强地生存发展并绵延至今，就是因为其统一性这一最显著特征。自秦在公元前221年完成了统一，确立了中央集权的封建专制政体，历经两千多年，中国逐渐形成了一个多民族的统一体，中国文化发挥着强有力的同化作用。

1. 政治的统一

从政治方面看，中国优秀传统文化经历了漫长的统一过程。在夏朝建立以前，中国和其他国家一样，也有许多各自独立的氏族部落。经尧、舜、禹的苦心经营，以黄河流域为中心的中原地带趋于统一，但仍存在小邦林立的情况，“当禹之时，天下万国，至汤而三千余国”，“春秋之初，尚有千二百国”。这些小邦与当时的奴隶制国家夏、商、周保持着一种从属关系，每一小邦都受宗主国的保护，因此，虽然从形式上看是小邦林立，但它们都有共同的政治、文化。《诗经·商颂》载：“邦畿千里，维民所止，肇域彼四海。”自西周以来，大一统的观念更深深植根于中国人的心中。春秋战国时期，在经济和政治的变更中，出现了诸侯争霸的局面。这从表面上看是一种分裂，但内在仍保持着中国的统一。孔子曰：“管仲相桓公，霸诸侯。一匡天下，民到于今受其赐。”正是在春秋战国时期，中国出现了两件大事：一是小邦合并成地区性的王国；二是封建制（分封诸侯和附庸的制度）的建立。前者表明国家的领土范围在扩展；后者表明国家的政权在集中。这两者显然不是分裂的趋势，而是统一的趋势。正是在此趋势下，秦始皇统一了中国。继秦汉大一统之后，是魏晋南北朝的分裂，随之隋唐大一统，五代十国后的辽、夏、宋、金、元、明、清皆是统一之势。

2. 民族的融合

文化的发展，是不同民族、不同地区的文化不断融合的过程。中国优秀传统文化的统一性特征，与中国境内各民族的融合息息相关。在中国文明的初期阶段，黄河流域就是一个多民族共处的地区，西有华夏族，东有东夷族，南有苗蛮族。黄帝战胜蚩尤、炎帝以后，这三大集团所属的各部族实现了历史上第一次较大规模融合。历史上每一次政治上的统一，往往促成比之前更大、更广泛的民族共同体形成。殷周之初，小邦林立，各邦都保持着自己民族的习俗风尚。据说武王伐纣时，曾联合八百诸侯打败有众多属国的商王朝，从而建立了周王朝。经过长期的共同生活，种族之间的差别与隔阂也逐渐消失而归于同一（大同而小异），这是中国历史上又一次较大规模的民族融合。据春秋战国时期的文献记载，中原地区各族与周围的少数民族互相通婚、互相学习，风俗习惯及语言文字逐渐融合。晋文公重耳的母亲是犬戎狐姬，犬戎是当时西北地区的少数民族。但晋文公并未因此受到排斥，他后来甚至成为春秋五霸之一，被推为诸邦的盟主。秦汉的大一统加快了全国各民族融合的步伐，在此基础上形成了更大范围的民族共同体。魏晋南北朝更是民族大融合的宏大舞台。元、清两代是中国少数民族贵族掌权的时代，少数民族入主中原，从另一个方向上提供了民族融合的契机，无论从深度或广度上，都为中华民族的统一创造了丰富的物质基础和心理上、感情上的精神条件。

3. 思想的提倡

中国古代从帝王、贤哲一直到下层百姓，都有着强烈的统一愿望。当然，由于所处的地位不同，要求统一的动机也就不同。一般来讲，中下层人士要求统一，是基于对战乱、分裂、割据所造成的生活流离、痛苦的恐惧。中国人为社会的统一付出了巨大的代价，当然也从社会的统一中获得了不少的利益。

当历史上某一个王朝崩溃以后，会出现暂时分裂的局面。地方的割据势力各霸一方，但很少有霸主真正愿意画一方之地以保偏安之局，他们大都极欲兼并其他对手，以成天下之王。就动机而言，可能是垂涎皇帝宝座，或权力欲膨胀。但从效果上说，无不对中国的统一形成一种推动。因此，自秦汉以来，中国统一的时间要比分裂的时间长。

（三）时代性

时代性是指中国优秀传统文化与时代需要、时代发展相结合，从而焕发出新时代的魅力。中华优秀传统文化会随着社会的发展而不断地发展和进步，因为文化的本质不是既成的事物而是变化的过程。多少年来，传统文化一直处于不断继承与不断发展对立统一的规律之中，旧的不断被新的所替代，但在新的中又包含着持久恒常的民族精神。

习近平总书记指出："中华文明源远流长，孕育了中华民族的宝贵精神品格，培育了中国人民的崇高价值追求。自强不息、厚德载物的思想，支撑着中华民族生生不息、薪火相传，今天依然是我们推进改革开放和社会主义现代化建设的强大精神力量。"中国优秀传统文化的时代性主要体现在内容的选择方面，也就是说，中国优秀传统文化要根据时代需要进行取舍。在内容选取的过程中，一方面是结合当前社会主义现代化建设的需要，另一方面是结合大学生成长与发展的需要，从而让中国优秀传统文化能够真正为现代化建设事业的发展提供精神资源与动力，成为当前社会发展与大学生成长中必不可少的一部分。

（四）包容性

英国历史学家汤因比曾说过，在近六千年的人类发展史上，出现过 26 种文明形态，其中包括四大文明古国的文化体系，但是只有中国的文化体系从未中断过，中华文化表现出强大的生命力。中国文化之所以能发展至今，具有如此强大的生命力，原因是多方面的，中国文化的包容性是其中最重要的原因之一。中国优秀传统文化的包容性主要表现在以下两个方面。

1. 对不同文化进行吸纳、消化的同化力

所谓同化力，是指中国优秀传统文化对外来文化的吸纳和消化能力，其使之中国化后成为中国优秀传统文化的有机组成部分，从而丰富了中国优秀传统文化的内涵。在中国优秀传统文化发展的历程中，佛教文化的传入和中国化就是中国优秀传统文化同化力很好的例证。佛教起源于印度，公元 1 世纪前后传入中国。佛教传播的结果有二，其一是完成了在中国的本土化，即中国化，成为中国式的佛教；其二是被宋明理学吸收、消化，成为中国优秀传统文化的一部分。

2. 对境内各地域、民族文化的融合力

所谓融合力，是指中国优秀传统文化在汉民族文化的基础上兼容并包了中国境内各地域少数民族的文化，形成了内涵丰富的中华文化。中国传统文化属于内陆型文化，产生并成熟于与外界隔绝的东亚大陆，封闭性的地理环境是其赖以形成不可忽视的重要因素。中国境内有黄河流域的中原文化，长江流域的巴蜀文化、荆楚文化、吴越文化以及西域文化等。

早在先秦时期，不同区域之间就存在文化交流，各民族文化在传播交流中博采众长。在中国文化的发展过程中，北方的游牧民族学习中原汉族的农耕技术，很大程度上被汉化，并将畜牧业生产技术传入中原。在各民族长期的交往中，中原地区各民族语言的差异逐渐消失，汉语成为通用语言，夷夏观念日益淡化。

因此，中国优秀传统文化强大的同化力使进入中国的境外文化被同化，中国优秀传统文化强大的融合力使进入中原地区的外族文化被融合。中国化了的境外文化和汉化了的少数民族文化，与原有的汉族文化、中华文化融为一体，成为中国优秀传统文化不可分割的有机组成部分。中国优秀传统文化历经数千年从未中

断过，表现出了顽强的生命力，这不仅与中国农业—宗法社会所具有的延续力有关，与半封闭的地理条件有关，而且也与中国优秀传统文化本身所具有的包容性有很大关系。

（五）地域性

中国优秀传统文化的另一个重要特征是地域性。事实上，中国优秀传统文化的内容是一个民族、一个区域的人们在千百年来的生产、生活中积累和沉淀的，是当地劳动人民集体智慧的结晶，是特定地域风格、文化观念乃至行为方式的体现，不仅具有很强的地域性、时间上的延续性，还具有表现形式上的独特性。

中国国土辽阔、地大物博、人口众多，传统文化的内容也丰富多彩，在中国优秀传统文化这一体系之中，既有来自黄河流域的华夏文明作为主体，也有多样的少数民族文化作为补充。

当今世界是一个开放的世界，跨国资本及其消费文化的历史性扩张，逐渐解构了人类社会的地域传统和生活秩序，地域性传统文化陷入前所未有的衰落与困境之中，置身于这样一个经济全球化的语境中，如何传承地域性传统文化，保持世界文化的多元化，是一个值得探究的课题。

（六）连续性

1. 比较完备的“地理隔绝机制”

具有比较完备的“地理隔绝机制”，是中国优秀传统文化未曾发生“断裂”的自然条件。从中国优秀传统文化的自然地理环境来说，中国处在一个半封闭的大陆性地理环境之中，东面临海，西北有戈壁沙漠，西南多横断山脉，东北有广袤的原始森林。几千年来，中国优秀传统文化好像一直栖身在一个巨大的避风港中，很少遇到外部力量的冲击。这种特别完备的“隔绝机制”正是一个统一的、独立的文化系统得以连续发展的先决条件。在这种大环境下展开的文化系统，不仅能迅速地完成内部的统一，而且不易因受外族入侵而中断。可以说，中国优秀传统文化自产生之日起，就没有中断过。只是近代以来，科技的日益进步，特别是帝国主义列强在政治、经济、文化上的侵略，使中国面临着巨大挑战。即使在这种情况下，中国仍受地域广阔、自然地理环境优越之福。当然，如果把中国优秀传统文化连续性的原因完全归结为自然地理环境，特别是经济的、政治的、文化自身的以及人的因素对文化连续性的影响，显然是一种错误的地理决定论；相反，如果看不到地理生态环境对文化发展的影响，同样也会导致片面性和主观性。也就是说，自然地理环境是中国优秀传统文化保持连续发展的重要条件，但它不是唯一的或决定性的条件。

2. 政治的连续性

政治的连续性是中国优秀传统文化不曾发生“断裂”的内在依据。政治的连续性是指政治传统的继承性。中国文化中的政治传统可以一直追溯到夏、商、周三代甚至更早。夏、商、周三代是中国青铜时代小邦林立的时期，这三代的王不过是不同规模邦的联盟首领。这三代在中国远古史上相启相承、相袭相革。周代商，即袭用商的政治传统。东周时期，北方的“戎狄”和南方的“蛮夷”（楚）逐渐强盛，曾一度威胁诸夏的安全。齐桓公、晋文公先后提出“尊王攘夷”的口号，代替周王继续推行原有的政治传统。中国古代政治的一体化至秦汉完成，承袭了春秋战国时代的传统，从政治组织形式上做了新的调整，以郡县制代替分封制，这更适合当时中国的发展。

东汉以后，中国进入魏晋南北朝近四百年的分裂时期。由三国至西晋统一，再由晋室南迁而至南北对峙，但这仍是一种国家民族内部的政治变动，而非整个民族文化传统的转移。北朝的十六国，虽多为少数部族建立的政权，但从性质上说，他们所推行的各种政治制度都完全采自中国古代典籍或“依晋代九班选制”，在保持儒家传统方面甚至比南朝更显纯粹，因此，当时北朝的政治生活、社会生活、文化信仰可以说仍然承袭着汉代以来的传统，其中的变动亦可看作是一种内部的调节机制，而非新的征服者所建立起来的新制度。从殷周至清末，中国的政治乃是一贯的民族传统，可以说未曾发生“外层断裂”，它是通过不断进行“内部调整”的方式而达到一种“超稳定”完整架构的。

3. 学术思想的连续性

学术思想的连续性是中国优秀传统文化不曾发生“断裂”的自身基础。中国古代学术思想的连续性发展早在夏、商、周三代即已开始。孔子说：“殷因于夏礼，所损益可知也；周因于殷礼，所损益可知也。”孟子也曾说：“诸侯之礼，吾未之学也；虽然，吾尝闻之矣。三年之丧，齐疏之服，饘粥之食，自天子达于庶人，三代共之。”从夏至周，作为典章文物制度的礼，虽然质文废起，时有不同，但其一贯精神因民族国家的相继而得到承传，因此，荀子也曾谈到“礼”之承传的重要性。他说：“百王之无变，足以为道贯。一废一起，应之以贯，理贯不乱。不知贯，不知应变。贯之大体未尝亡也。”荀子所谓“贯”，即指礼的一贯性、继承性。由上述孔子、孟子、荀子的言论可知儒家非常重视“礼”的传统，所以从孔子开始，便注意整理殷周以来的典籍。据说，《诗》、《书》、《礼》、《易》、《乐》（已散佚）、《春秋》等古代文献，都经过孔子的删订而流传下来，并成为中国几千年来封建社会经世致用的经典。

魏晋南北朝时期，中国南北分裂、篡乱相乘、干戈迭起，但上述学术传统不但没有中断，反而在文化大体系上有许多新的创辟。首先是佛学，魏晋南北朝时期佛教大盛。而当时著名的佛教大师如道安、慧远、道生等，“内外群书，略皆遍睹”。道安“阴阳算数，亦皆能通”，慧远尤善儒学，宗炳、雷次宗、周续之等曾师从慧远研习丧服经及诗经之学；竺道生首创“人人皆有佛性”之说，实与儒家“人皆可以为尧舜”之说相契。上述三位中国出身的佛学大师，实为佛学与中国文化的融合做出了较大贡献，使中国传统学术思想增加了新的内容。其次为经学，《十三经注疏》是中国经学的一大结集，而其采用魏晋南北朝时期的注疏者竟占一半之多。当时南北学术息息相通，南方经学重丧礼，北方经学重周官。北齐大儒熊安生，专以《三礼》教授，弟子多达千余人。相形之下，北方经学比南方经学兴盛。最后为史学，其发展可以说上驾两汉，下凌隋唐，史学著作达870余部。就以北方来说，十六国的史书有26种，270余卷。在北方十六国兵戈相交的混乱时代，尚有如此之多的史学著作出现，可知中国传统学术的连续性是相当顽强的。

（七）发展性

传统文化产生于特定时代，受制于时代的局限性，其具有两面性，即精华与糟粕并存，养料与毒素同在。优秀传统文化对教育有正面的影响；反之，传统文化中不好的部分也有负面的作用。继承是发展的前提，发展是继承的必然要求，继承和发展是统一过程的两个方面。文化在继承的基础上发展，在发展的过程中继承，在这个过程中，不断革除陈旧的、过时的旧文化，推出体现时代精神的新文化，即“取其精华，去其糟粕，推陈出新，革故鼎新”。

“不忘本来才能开辟未来，善于继承才能更好创新。”习近平总书记在参观历史文化名城山东曲阜的孔府、孔子研究院时强调，中国优秀传统文化是我们民族的“根”和“魂”，如果抛弃传统、丢掉根本，就等于割断了自己的精神命脉。要坚持历史唯物主义立场，坚持古为今用、推陈出新，有鉴别地加以对待，有扬弃地予以继承，既不能片面地厚古薄今，也不能片面地厚今薄古。

继承和发展传统文化，首先要区分“精华”与“糟粕”，传承其中优秀的部分，舍弃其中陈旧腐朽的部分。比如，近些年女德学习热潮提倡阅读《女诫》《内训》等古籍，书中教女子“言”要温和、“工”要勤俭、“容”要得体等，这些依然值得现代女性学习。但其中陈旧的思想要抛弃，“未嫁从父、出嫁从夫、夫死执子”等观念，“女子无才便是德”等言论，严重损害了女性的自由与平等权。苏绣是中国四大名绣之一，在苏绣的传承中，苏绣艺人们就把苏绣细腻的针法和素描的特征进行结合，创造出全新的针法，虽与传统的苏绣作品截然不同，但这难道不是对苏绣的传承吗？因此，我们在对传统文化进行传承的同时也要大胆地进行创新，将一些新的元素添加进去，用新时代的科技、艺术、文化等内容共同为传统文化的传承打开新局面。

（八）务实性

中国优秀传统文化的务实性体现在民族性格上，植根于农业文明的语境中，形成了“一分耕耘，一分收获”的共识，立足现世，倡导惜天时、尽地力、重本务，远离玄虚、鄙夷、机巧、奸伪。正如章太炎所描述的中国人的务实性格，“国民常性，所察在政事日用，所务在工商耕稼，志尽于有生，语绝于无验”。中国优秀传统文化的务实性，告诫人们立足于此岸世界，把“立德、立功、立言”作为实现人生价值的目标，走“经世致用”的道路。所谓“致用”，指的是学必有用，求知要与躬行结合起来。孔子的“学而优则仕”，“学”是学，“仕”则是用。《大学》中的“博学之，审问之，慎思之，明辨之”是学，“笃行之”是用。因此，中国古代知识分子大体都是入世型的。

中国优秀传统文化的务实性，使之成为一种非宗教的、世俗的文化，其精神追求不在于建构彼岸世界和灵魂永存的幻象，也不探讨空疏世界的玄奥。务实性使中华民族不曾陷入宗教的迷狂，虽然有本土的宗教发展和外来宗教的传入，但未曾有哪个宗教成为国教。务实理性的价值取向曾使古代中国在农学、天文、数学、医学等应用学科领域处于领先地位，但也导致了对理论探讨和逻辑论证的相对忽视，这一传统的思维方式也阻碍了传统科技的进一步发展。

（九）伦理性

中国优秀传统文化是种伦理型文化，这种文化有着我们中华民族自身的特点，按照中国古代的传统说法，可以把中华传统文化叫作崇德型文化。中国优秀传统文化最重要的社会根基是以血缘关系为纽带的宗法制度，它在很大程度上决定了中国的社会政治结构及其意识形态。由家庭发展成家族，再集合为宗族，组成社会，进而构成国家，这种家国同构的血缘宗法制度是形成中国优秀传统文化重伦理、倡道德的根本原因。

“五伦”“五常”“四维”“八德”描述了中华传统道德发展的历程。中华传统道德发展的历史告诉我们，道德的产生与发展都离不开人类社会生活的需要，并随着社会生活的变迁而变化，这种变化既包括基本道德规范数量的增减，也包括每个道德规范在不同历史时期自身内涵的丰富与发展。

五种人伦关系包括：父子有亲、君臣有义、夫妇有别、长幼有序、朋友有信。也就是说，父子之间有骨肉之亲，它是排在第一位的，可见其重要性；君臣之间要有礼义之道，也就是说臣对君要忠诚、要尊重；夫妻之间要互相挚爱，而又内外有别，夫要有阳刚之气，妻要温柔、善良和体贴；老少之间要有尊卑之序，晚辈要尊重长辈，长辈要关心和爱护晚辈；朋友之间要真诚、守信。这五伦关系是最基本的、处理人与人之间关系的道理和行为准则。父慈子孝，乃是血脉亲情之道；君义臣忠，乃是上下关系之道；夫刚妇柔，乃是相濡以沫之道；长幼有序，乃是礼义孝悌之道；朋友有信，乃是肝胆相交之道。

这种人伦关系的实质是对家庭各成员应尽责任和义务的规定，父母对子女有抚育的责任，子女对父母有奉养的义务。这就是儒家所倡导的“人道亲亲”。由“亲亲”的观念出发，引申出对君臣、夫妻、长幼、朋友等关系的整套处理原则。其中，“孝道”是最基本的原则，“百善孝为先”，所以梁漱溟称中国文化为“孝的文化”。“孝”的基本内容是“父为子纲”，强调子女对父母之命的服从。这种道德信念延伸到社会组织中，衍生出“君为臣纲”，孝道转化为治国之道。于是，个人对国家社会的责任就变成了对权威无条件的伦理服从。而那些所谓的“君主”就获得了维护自己统治权的理论依据，并把以道德教化控制臣民变为现实，这就是“以孝治天下”。

我们可以将这种忠孝原则推广一下，这种原则可以用以处理个人与社会、个人与他人的关系，其基本的道德原则就是“己所不欲，勿施于人”“老吾老以及人之老，幼吾幼以及人之幼”“己欲立而立人，己欲达而达人”。

在中国的传统教育中，重伦理、倡道德始终处于核心地位，德教为先，育人重德。从先秦的孔子、孟子、荀子一直到宋明以后的程朱理学、陆王心学都始终把伦理道德教育作为中心，以“明人伦”为宗旨。在中国优秀传统文化中，伦理思想贯穿始终，融入中国传统的哲学、政治、历史、文学、教育思想中，并且紧密地结合在一起，这是中国优秀传统文化最显著的特征。

四、中国优秀传统文化的基本精神

从文化的基本精神入手，有助于科学地把握博大精深、源远流长的中国优秀传统文化的整体和全貌。对中国优秀传统文化基本精神的解读，要从其内涵、特点、功能以及它与中华民族的精神、文化传统的关系等角度进行全方位的把握。

（一）中国优秀传统文化基本精神的内涵

1. 文化精神

在中国古代文献中，“精”是精妙、精粹、精华、精微的意思；“神”的主要含义是指玄妙、微妙、奇妙的变化。“精神”，指天地万物的精气、活力，事物运动发展的精微的内在动力。

文化精神是指为本民族大多数成员所认同，贯穿于民族历史全过程的，引导和推动民族文化不断向前发展的基本思想和基本观念。

文化精神是相对于文化的具体表现而言的，具有广泛性、普遍性的精神。文化的具体表现包括思想意识、社会制度、习惯、器物等层面，它们无不和内在的文化精神相联系。

2. 文化精神与文化的关系

文化精神是指在文化中起主导作用、处于核心地位的基本思想和观念，是被民族成员熟悉的，而不是高深莫测的玄思妙想。

作为文化发展的内在动力和思想基础的文化精神，它本身也是文化发展的产物。文化精神，随着文化的发展演变而发展变化，不断丰富自己的思想内涵。

3. 中国优秀传统文化的基本精神

中国优秀传统文化的基本精神是指中国优秀传统文化中的一些思想观念或固有传统，它们长期受到尊崇，成为指导人们行动的最好原则，成为推动社会历史发展的思想源泉。也可以说，中国优秀传统文化的基本精神体现中华民族蓬勃向上的思想精神，代表中国文化发展的正确方向，是民族延续发展的精神动力，或者说是中华民族生存发展的精神支柱。

中国优秀传统文化的基本精神是凝聚在文化现象中，并通过文化现象体现出来的思想基础，是指导和推动中国文化不断前进的思想源泉。中国优秀传统文化是历史积淀下来的有稳定形态的中国文化，包括价值取向、思想观念、思维方式、宗教信仰、道德情操、文学艺术、礼仪制度、风俗习惯、科学技术等不同层面的丰富内容。由于中国优秀传统文化的博大精深和丰富多彩，中国优秀传统文化基本精神的思想也不是单一的，而是一个包含着诸多要素的思想体系。

（二）中国优秀传统文化基本精神的特点

作为中国优秀传统文化基本精神的思想观念或文化传统，具有以下特点。

①具有广泛的影响。为大多数中华民族同胞所接受和认同，成为他们基本的人生信念和自觉的价值追求。

②具有维系中华民族生存和发展，促进中国社会进步的积极作用。必须具有以上两个方面的特点，才可以称为民族文化的基本精神。这是中国优秀传统文化基本精神和其他文化精神共有的特点。

③与异文化相比，中国优秀传统文化精神闪烁着独特的人文主义思想光辉。与西方的人文主义相比，中国传统文化精神的人文主义有很大的不同。中国传统文化的人文主义认为，人是具有群体生存需要，有伦理道德、自觉互动的社会成员，每个个体都是他所属关系的派生物，其命运跟群体息息相关。也就是说，中国优秀传统文化把人看成群体的一分子，是集体中的一个角色。

由以上可知，中国文化的人文主义强调的是和谐、义务、贡献，这正是本书论述中国优秀传统文化基本精神的出发点。

（三）中国优秀传统文化基本精神的功能

中国优秀传统文化的基本精神作为中华民族精神的集中表现，在中国古代社会的长期发展中产生了深远的影响，是中国古代社会发展的思想基础和内在动力。全面了解这些功能，有助于高职院校更深刻地认识中国优秀传统文化的积极意义，促进今天的新文化建设。

1. 民族凝聚功能

中国优秀传统文化基本精神的一个重要的功能就是民族凝聚功能。中国优秀传统文化的基本精神有着巨大的思想统摄性，它可以超越地域、阶级、时代的限制，用中华民族优秀文化传统哺育每一个中华儿女，使其凝为一体，同心同德地为民族整体利益和长远利益不懈奋斗。正因为如此，每当历史上出现外敌入侵时，中华民族都能够万众一心地抵御外侮；而每当内乱出现之时，人们又可以在“中华一体”的民族认同基础上，摒弃前嫌，团结一致，变分为合，化乱为治。这些都是与刚健自强、贵和尚中的民族文化基本精神对人们的滋养分不开的。

中华民族贵和尚中的文化基本精神，还滋养出了中华民族崇尚和谐统一的博大胸怀。坚持“和而不同”的对立统一观，反对片面求同或乱斗一气；坚持统一，反对分裂；把家庭邻里的和谐、国家的统一看作天经地义的事情。这种文化传统，对中华一体、国家一统的民族文化心理的形成，对我们国家、社会的长期稳定发展，起到了十分重要的聚合作用。

自西周以来，作为一种理性自觉，大一统观念便深深地扎根于中国人的心中，“春秋大一统”是人人皆知的名言。诸子百家尽管各行其是，甚至形同水火，但在国家统一、民族融合、使天下“定于一”的思想上，却有共识，可谓“相反相成”。这种政治上的大一统观念，实际上是“天人合一”“贵和尚中”的民族文化基本精神熏陶的结果，是它的折射。不仅如此，“天下一家”“民胞物与”“四海之内皆兄弟”的观念，还成为凝聚全社会的精神力量。以国家统一为乐，以江山分裂为忧，是中华民族天经地义的政治价值取向。这种大一统观念，经过儒、法两家从不同思维路向的论证，特别是经过秦汉时期封建大一统国家的建立而带来的民族融合、共同发展的历史实践，逐渐转化为民族文化深层社会心理的结构意识，成为中华民族的政治思维定式，有力地维护了中华民族的团结统一。

2. 价值引导功能

中华民族的孕育、形成、发展和定型是一个漫长的过程，而中国传统文化的形成和成熟与之同步，也经历了这样一个漫长的过程。在这个过程中，传统文化中的精神层面起着文化整合的作用，使多元发展的地域文化逐渐走向融合。虽然不同地域的文化被纳入中华民族文化的整体框架之后，原本存在于地域文化内部的各种要素仍然继续存在，但并不影响民族统一的大文化的发展。天人合一、以人为本、刚健有为、自强不息、崇尚中和成为全社会广泛认同的文化观念，超越了地域、超越了阶层，成为一种稳定的民族心理和价值取向，代代相传，并不断完善，这些价值取向对整个民族形成了制约和引导。

在文化生活中，指导行为活动的首先是价值观念。这种观念一旦形成，就会作为主导性因素渗透到人们生活的各个方面。中华民族在长期的历史发展中形成了具有民族特色的传统文化基本精神，这种精神所形成的具有独特内涵的价值体系，在中华民族的发展史上起着重要的价值引领作用，引领中华儿女自强不息，向上向善，引领中国人民共同努力，把我国建设成富强、民主、文明、和谐、美丽的社会主义现代化强国，引领全国人民把我们的社会建设成为自由、平等、公正、法治的和谐美好社会，引领全体公民把自己培养成爱国、敬业、诚信、友善的社会主义公民。

3. 融合创新功能

整合不同的文化，使其在“中华民族多元一体”的文化格局中熔铸成一个有机的统一体，从而进一步开拓创新，这是中国优秀传统文化基本精神的又一功能。

中国优秀传统文化的基本精神，是中华版图意义上的民族精神。它的诸多内容，对不同时期、不同地域的文化和不同阶层的文化起着重要的融合创新功能。

中国古代文化是在多元一体的格局下发展起来的。齐鲁文化、燕赵文化、巴蜀文化、荆楚文化、吴越文化、秦陇文化、岭南文化等，都是古代中国人在长期的实践中，在特定的地域里，通过长期艰苦卓绝的努力创造出来的反映该地域文明发展程度的文化。这些地域文化，各有其自然环境特色和社会人文特色，能够反映不同的价值观念，彼此间不能等同、替代。但是，这些特色各异的地域文化，都蕴含着自强不息的奋斗精神，都有“中华一体”的文化认同意识。正是在这种共同精神的烛照下，多元发展的地域文化逐渐走向融合，成为中华民族文化大家庭的重要组成部分。在中国历史上，每一次大的统一，都伴随文化和思想观念上的融合创新。秦朝统一，使秦与其他六国“车同轨，书同文，行同伦”，中国有了统一的文字，这对中国优秀传统文化的开拓和发展，有着极其深远的意义。尔后，隋唐、明清文化中出现的盛大恢宏气象，无一不蕴含着深刻的融合创新精神。不同地域的文化被纳入中华民族文化的整体构架之后，原本分别存在于不同地域文化之中的各种文化“基因”仍然继续存在，有的还被大力发展，着意提升，也成为全民族共同的精神财富。

中国优秀传统文化基本精神中的融合创新功能，根植于中国古代哲学的理论思维，如本书提过的“贵和”思想便是突出一例。“和实生物，同则不继”，在中国古代哲人看来，“和”便是创新的源泉，万物的生生日新，是统一体中的“不同”和对立方面整合的结果，这也是《易传》中所说的“日新之谓盛德，生生之谓易”。

中国优秀传统文化的基本精神，是全民族的共同精神成果，在其演进的过程中，逐渐形成了文化的大传统。在文化大传统的熏陶下，原有的地域文化所蕴含的文化小传统，既表现出中国优秀传统文化的共性，又保留了自己的特殊性，即个性，内容更加丰富，有的还在发展中逐渐形成了新的传统。

中国优秀传统文化基本精神具有强烈的趋善求治的价值要求。无论在理论层面、行为方式层面还是在社会心理和潜意识的层面，这种价值要求都对全民族的价值取向起着不可替代的作用。“贵和尚中”的精神，培育了古代中国人民追求和谐、反对分裂的整体观念，滋养了崇尚中道、不走极端的平和心境；“天人合一”的精神，激发出的“究天人之际”的治学理想，成为不同时期、不同思想流派共同的思维方式和价值追求。这些精神，经过长期实践逐步深入人心，并演化为深厚的民族共同心理，以至成为集体的“文化无意识”。这些思想观念的相互整合，塑造了中国优秀传统文化博大、精进、宽厚、务实的精神风貌。

（四）中国优秀传统文化基本精神与中华民族精神的关系

文化精神与民族精神具有相通性。在解读中国优秀传统文化精神时，必须明确它与中华民族精神的关系。

所谓民族精神，就是民族文化心理结构中长期积淀而形成的整体国民性格，是民族文化传统的凝聚和整合。有学者认为，在一个民族的精神发展中，有一些思想观念受到人们的尊崇，成为生活行动的最高指导原则。这些最高指导原则是多数人所信奉的，能够激励人心，在民族的精神发展中起着主导作用。这可以称为民族文化的主导思想，亦可简称为民族精神。民族精神必须具备两个条件，一是有比较广泛的影响，二是有激励人们前进、促进社会发展的作用。因此，从广义上来讲，民族精神就是指导民族延续发展、不断前进的精粹思想，是民族文化的主导思想。就其性质而言，民族精神是一种伟大、卓越的精神；就其表现形式而言，民族精神是民族文化的优秀传统。从本质上来讲，优秀传统文化精神就是民族精神。

由以上可知，中华民族精神就是中华传统文化思想观念精华的总结与提升。中国优秀传统文化的基本精神，也就是中华民族的民族精神，是中华民族价值取向、思维方式、社会心理以及审美情趣等内在特质的基本风貌。

（五）中国优秀传统文化基本精神与文化传统的关系

中国优秀传统文化基本精神属于观念形态的范畴，凝聚于文化传统之中。所谓传统，是历史上形成的，具有稳定的组织结构和思想要素的，至今仍影响着人们的价值观念、思维方式、道德风尚和审美情趣等深层文化的社会心理和行为习惯。

传统的两个基本特征是历史的沿传性和现实的影响性。也就是说，传统是历史和现实的结合体，是历史对现实影响的集中表现。传统并不是一成不变的，而是随着历史的发展不断完善和更新。

所谓文化传统，是指受特定文化类型的价值取向影响，经过长期历史积淀而逐渐形成的，为该民族大多数人所接受和认同的，在思想和行为上难以改变的心理和行为习惯。

传统和文化传统两个概念是中性词，属于事实判断的范畴，本无所谓褒贬。但是，当两个概念与民族文化的基本精神、民族精神相联系，在价值取向上就与优秀、进步密不可分。因为只有优秀的文化传统，才能成为民族文化发展进步的内在动力。

因此，作为中国优秀传统文化基本精神的具体表现，作为中华民族精神生动反映的那些文化传统，也必然表现为民族文化的优秀传统。

第二节　德育教育

一、德育相关概述

（一）德育的含义

现代德育是现代教育的有机组成部分，对现代德育的理解与对现代教育的理解是一致的。现代德育可以从时间概念和性质概念两个维度理解。从时间上分析，现代德育是相对于古代德育、传统德育而言的。从性质上分析，现代德育与社会现代化、人的现代化是密切联系的。因此，对现代德育含义的理解应从现时代的性质即现代性方面理解。

现代德育应置身于现代社会发展过程中，为现代社会和现代人的发展服务，实现人的道德素质现代化和社会道德的现代化。为此应注意把握以下两点。

1. 民族性与世界性的统一

从教育的民族性和世界性的角度来看，教育中的科学技术及其物质文明是世界性的，而教育中的伦理、制度、思想、价值等是民族性的。特别是学校德育，作为一定民族文化的产物，具有很强的民族性。每个民族都有自己的民族个性和民族精神，民族精神的培养是各国德育的核心问题。现代德育是民族德育传统的发展与创新，只有弘扬民族精神的德育才是具有生命力和魅力的德育。现代德育的世界性是德育现代化的体现，面向世界是德育发展的趋势。世界上有众多的民族文化，但在现代没有一种文化是封闭的、隔离的或不与其他文化往来的。每一种民族文化在长久的历史进程中，不断地吸收外来民族的文化和思想，通过对外来文化的吸收不断地充实和发展自己的民族文化。因此，每种民族文化都是多种文化的混合物，它一方面是本民族所固有的，另一方面是世界的。文化的民族性和世界性的统一与现代德育的民族性和世界性的统一是对应的关系。民族性和世界性的关系是一般与个别、普遍与特殊的关系。世界性不能脱离民族性而存在，世界性寓于民族性之中，没有民族性就没有世界性。民族性和世界性具有相对性，它们在一定条件下相互转化。

现代德育的民族性与世界性的统一是学校德育发展的趋势。人类道德本身具有共同性，社会道德的形成和发展，德育理论的发展，都有共同的部分。随着经济全球化的发展，各个民族、各个国家已打破了农业社会封闭隔离的状态，日益走向开放，这已成为世界潮流。在现代社会发展中各个国家面临着共同性、全球性的问题，如生态环境恶化、资源枯竭、人口爆炸、道德危机，从而形成共同的德育要求与内容，关心、合作、保护环境、和平与发展等已成为全人类的道德要求。

2. 科学精神与人文精神的统一

人文精神是整个人类文化最根本的精神，或者说是整个人类文化生活的内在灵魂。它以追求真、善、美等崇高的价值理想为核心，以人的自由和全面发展为终极目的。科学精神是对真理和科学知识的追求，是对为人类自由和解放而奋斗的人类崇高精神的追求，它包括自由探索精神、勇于批判精神、大胆创新精神、严谨求实精神、顽强拼搏精神、公平竞争精神等。它是科学认识活动最根本的文化精神。科学精神与人文精神都是人的本质力量的体现，都是人的精神力量的体现。科学精神与人文精神都是以事实为依据的，都强调实事求是、从实际出发。科学精神追求客观事实，同时科学精神也蕴含着人文精神。人文精神不仅以客观事实为依据，也以人的需要、理想和价值观为依据。现代德育坚持科学精神与人文精神的统一，才能更好地适应现代社会和现代人发展的要求，才能从根本上形成和建立适应现代化发展的德育理论和实践体系。

现代德育必须反映世界范围内的加强人文教育和科学教育的趋向。人文教育是以培养人文精神为目标，将人类优秀的文化成果通过知识传播、环境熏陶内化为做人的基本态度的教育。人文精神是优秀文化孕育而成的内在于主体的精神品质，它需要通过对人文知识、人文科学的学习内化而形成。人文教育并非纯粹的人文科学的教育，它是沟通自然科学与人文科学的中介，它能教育人正视人与社会、人与自然、人与自身的关系，又教育人在掌握科学的同时学会正确对待科学。然而，在我国学校教育中存在的一个很大的偏向是人们片面追求教育的科学价值而忽视了教育的人文价值，这造成了教育的科学价值与人文价值的失衡与冲突。教育在育人功能上片面促进人的认知心理和科学理性的发展，忽视促进人的情意心理和人文精神的发展，使得人的发展出现了不均衡的状况。因此，整个人类社会的全面进步不仅需要面向现实，能够认识和开发自然，促进生产发展、经济繁荣以及科学技术的进步，而且需要超越现实，能够认识人生，促进包含社会伦理道德进步在内的人文精神的发展。

进入 21 世纪，人们逐渐认识到人文教育和科学教育在人的发展中的深刻意蕴，只是二者的功能各有侧重，即科学教育以科学、知识、能力、技术理性为中心，人文教育以人化、人本、人性、人道为中心，它们是人类文明之树的两颗灿烂果实。人文教育可以使学生深刻认识社会政治、经济伦理、社会风气、文化传统、人类未来等，并使其形成应有的良知和人文关怀。人文教育最重要的功能是“教会做人”。它涉及的主要论题是人与人之间的联系、生活的悲剧和喜剧、生活的荒诞与意义、人性的堕落和高尚等；它以丰富的文化内涵展示人类社会思想及文化发展的历史，预示人类社会的未来，为人们提供充足的文化养料，滋养人内在的人文精神，增强人的文化素养，使人达到更高的思想境界，成为一个对他人、对社会、对自然环境具有普遍人文关怀的人，成为一个具有较高文化素养、身心健康和谐发展的人。

（二）德育的功能

1. 德育功能的概念

在理论界，对德育功能的认识主要有以下观点：第一，德育的功能是指人们对德育的期望，即指想要干什么；第二，德育的功能是指德育在实际的活动中发生的效用，即指实际干了什么；第三，德育的功能是指德育的本分效能，即指它本来能干什么。

显然，把德育的功能定位于人们对德育活动的一种主观期待和设定，定位在“想要德育干什么”的问题上是与德育实际的功能有区别的，好比生活中想要一个人干什么和他实际能干什么是两回事。此外，把德育的功能定位于德育的实际效果，虽然因揭示功能的客观性而具有一定的合理性，但是实际的效果和能力往往也是不相等的，实际效果并不必然反映既有的能力。因此，德育的功能应定位于“德育本来能够干些什么”。但是“德育本来能够干什么”在不同社会背景下、不同历史阶段内是不一样的，所以定位德育的功能还必须考虑社会历史背景。由此，德育的功能可以界定为在一定社会背景中和一定历史条件下，德育本来能够发挥的效用。

这样定位德育功能的实践意义主要表现在：首先，有助于确立正确恰当的德育目标。德育实践是以德育目标为起点的。从教育实践的实际状况来看，由于缺乏正确的德育功能观，目标要么过宽、过高、过大，要么过窄、过低、过小。前者使德育“力不从心”，后者使德育陷于细琐，都不利于德育效能的正常发挥。因此，正确定位德育功能观的一个实践意义就在于它有助于合理地确定具体德育实践的任务和目标体系。其次，有助于确立科学合理的德育评价。德育评价总是以目标为基础展开的，不正确的德育功能观会导致不恰当的德育目标，从而使德育评价有失偏颇。现实社会中，人们常哀叹德育低效，德育评价不合理正是其中一个原因。人们期望学校德育给学生以“好”的世界观、人生观、价值观；给学生良好的道德品质、心理品质和全面的人格；给学生一个以中国人的文化性、民族自豪感作为世界公民的全球意识、正确的自然观（环保意识）。人们总是用“应是”的眼光去看德育，人为制造“德育神话”。由于常以“神话”的眼光去看德育现实，人们对德育的评价多为“实效太低”。德育的健康发展需要社会和教育系统本身用“实是”的眼光来看德育。因此，只有树立正确的功能观，人们才会形成对德育实践的正确评价，也才谈得上正确的理解和支持。最后，有助于适当适度地开展德育实践。

德育期望和评价不合理的问题不仅发生在德育系统外部，也会发生在每一个德育工作者身上。只有树立正确的功能观才能使德育工作者做他该做而且能做的事情，既不盲目僭越，也不妄自菲薄。一些属于政府职能、社会行为、私人生活范围的事应该让政府、社会和个人去完成，学校德育只能在其本来能够有所作为的领域去恪尽职守。

2. 德育功能观的历史

德育功能的认识对德育实际的影响（或意义）不仅是一种理论分析，而且已经成为中国德育理论与实践的历史发展线索之一。多元化德育功能观打开了人们认识德育功能的视域，对推进德育研究和指导德育实践起到了积极的作用。但是新的问题也随之产生。理论界有人做过统计，德育功能的总数达二十多项。除德育的政治功能、经济功能、文化功能外，还有民族性格功能、性格优化功能、认知发展功能等，不一而足。这又使德育功能观进入了无度和无序的境地，研究者无限罗列德育功能并且功能的划分缺乏统一的逻辑依据。其结果要么使德育实践"事必躬亲"，要么使德育实践"无所适从"，使其陷于"盲动"或"妄动"的状态之中。德育功能的认识从历史线索角度来看，可以分为"昨天""今天""明天"。"明天"即理想的认识阶段，也是相对科学和全面的功能观的实现之日。它应当使德育工作者了解德育功能的本来面目，从事扎实有效的德育实践。这一功能观的特征应当是：首先要体现适度性原则，即不能无限罗列德育的功能；其次要注意德育功能划分的逻辑分层，不能无序排列；最后必须关注中介，即必须认识功能实现的条件和中间环节。

3. 德育功能的基本类型

德育功能是德育系统内部诸要素之间以及系统与环境之间相互作用时所产生的结果。德育的功能可以分为正面功能、负面功能。

（1）德育的正面功能

德育系统内部诸要素相互作用所产生的结果，称为德育的内部功能。德育系统内部诸要素包括教育者、受教育者、德育目的、德育内容和方法等。这些要素相互作用的总和即为德育的内部功能，其中主要是教育者和受教育者相互作用所产生的结果。教育者对受教育者的作用所导致的结果，表现为受教育者严格遵守、积极认同外在的道德规范和享用观念，即表现为适应功能、认同功能和享用功能。德育的适应功能是指德育能够使受教育者严格遵守外在的道德规范。德育的认同功能是指德育能够使受教育者内化和认同外在的道德规范，形成道德良心。德育的享用功能是指德育可使个体实现其某种需要、愿望（主要是精神方面的），并使其从中体验到满足、快乐、幸福，获得一种精神上的享乐。受教育者对教育者的作用所导致的结果，表现为教育者师德的形成和提高、教育方法的改进和教育内容的丰富等。

德育系统与外部环境相互作用所导致的结果称为德育的外部功能。德育环境主要包括自然界、政治、经济、文化等因素。德育的外部功能包括系统对自然界、政治、经济、文化所产生的作用和自然界、政治、经济、文化等外在环境对德育系统所产生的作用。德育系统对外部环境的作用所导致的结果，主要表现为自然性功能、政治功能、经济功能和文化功能等。德育环境对德育系统的作用所带来的功能表现为自然环境对学校德育的熏陶作用，政治制度、政治思想对学校德育的控制作用，经济制度、经济发展水平对学校德育的最终决定作用，文化对学校德育的渗透作用，等等。这些功能最终促使德育目标被修订、德育内容被不断丰富、德育方法得到不断改进、教育者和受教育者的德性得以不断完善。

（2）德育的负面功能

除了正面功能，德育还具有负面功能。德育既具有使个体遵守、认同外在的道德规范的功能，同时又具有使个体抗拒、否认外在的道德规范的功能；德育既可以使个体觉得德性追求是一种享受，又可能使个体把道德生活看作一种限制、一种痛苦；德育既能够通过引导学生的言行维护现存政治制度的稳定，又能够为摧毁现存政治制度准备政治活动家和理论家；德育既可以保存、发展现有文化，又可能使现有的文化发展链条中断。在特定的社会条件下，德育的内外功能均有正负之分。

（三）德育的目标

德育的总目标是德育实践的总方向和总要求。它一经确立，就决定了德育的根本内容、措施、步骤与方法等。所以无论是制定具体的德育分目标，还是确定德育内容等，都必须建立在对德育总目标的充分理解和准确把握的基础上，并且始终要以德育的总目标为核心和灵魂。德育的分目标只有以总目标为中心，才显示出价值。德育总目标决定德育分目标，要求学校德育活动要始终如一地贯彻德育总目标的思想，真正用德育总目标统率德育工作，从而提高育人规格，培养出高品质的人才。德育总目标是德育实践所要生成或培养的学生品德规格，具有高度的概括性与抽象性。在德育实践中，只有将其分解成具体的、可操作的、有标准的、分层次的目标体系，才有可能得到实现。目标体系实际地体现了德育总目标在某一方面、某一阶段、某一水平上的具体要求。所以说，德育分目标反映并服务于德育总目标。德育分目标服务于德育总目标，要求学校德育实践要努力完善德育目标体系，尤其要制定完整的、可操作的、具体的德育分目标，使德育总目标得以落实，并顺利实现。以往在制定德育目标时，以总目标代替分目标，而未制定具有操作性的具体的德育分目标。这样一来，德育培养人才的品德规格缺乏具体标准，只有高度而无梯度，德育总目标得不到贯彻落实。这是长期以来我国学校德育实效低的主要原因之一。

在大学阶段，大学生已具有较高的知识水平、较深刻的抽象思维能力、较中小学生丰富得多的人生经验，以及身体与心理的完全成熟，加之他们已经在中小学受过比较系统的品德基础教育与训练等，这些决定了他们进入大学时就具有基本品德以及初步确立的世界观、人生观、价值观。因此，大学阶段的德育目标应侧重于科学的世界观、人生观、价值观和政治观的建构。《中国普通高等学校德育大纲》规定高校的德育目标是：使学生热爱社会主义祖国，拥护党的领导和党的基本路线，确立献身于有中国特色社会主义事业的政治方向；努力学习马克思主义，逐步树立科学世界观、方法论，走与实践相结合、与工农相结合的道路；努力为人民服务，具有艰苦奋斗的精神和强烈的使命感、责任感；自觉地遵纪守法，具有良好的道德品质和健康的心理素质；勤奋学习，勇于探索，努力掌握现代科学文化知识，并从中培养一批具有共产主义觉悟的先进分子。

根据德育构成的要素，可以将德育目标分为政治教育目标、思想教育目标、道德教育目标、法纪教育目标和心理健康教育目标。

1. 政治教育目标

政治教育目标主要包括培养学生具有坚定正确的政治方向和社会主义、共产主义信念，拥护党和国家的路线、方针、政策，坚持四项基本原则，坚持改革开放，在重大政治原则问题上是非界限分明，能站在党和人民的立场上对各种错误思潮有一定辨别和抵制能力。

2. 思想教育目标

思想教育目标主要包括培养学生具有辩证唯物主义和历史唯物主义的观点；具有正确的人生观与价值观，能正确认识个人、集体与社会利益三者的关系；具有艰苦奋斗、为人民服务的思想；具有与社会主义市场经济、改革开放相适应的思想观点；具有实事求是、追求新知、独立思考、勇于创新等思想品质。

3. 道德教育目标

道德教育目标主要包括社会主义人道主义和社会公德两方面，基本要求是：通过社会主义人道主义教育和社会公德教育，使学生与人相处学会热爱、尊重、信赖，同情与帮助弱者，与他人平等友好地相处，遵守公共秩序，尊敬师长，尊重人的地位、价值，弘扬人性，有人的尊严等。

4. 法纪教育目标

法纪教育目标主要包括民主与法治教育、自觉纪律教育。民主法治教育目标，主要是通过对青少年儿童进行民主与法治的陶冶与训练，养成热爱民主和遵守法律的基本观念，懂得二者的辩证关系。自觉纪律教育目标，是指通过自觉纪律教育使年青一代养成自觉遵守纪律的习惯和品质。

5. 心理健康教育目标

心理健康教育，是运用心理学、教育学、社会学等科学的知识和原理，对受教育者的心理发挥积极的干预和影响，维护和促进他们的心理健康。心理健康教育目标是提高全体学生的心理素质，充分开发他们的潜能，培养学生乐观向上的心理品质，促进学生人格的健全发展。使学生不断正确认识自我，增强调控自我、承受挫折、适应环境的能力；培养学生健全的人格和良好的个性心理品质；对少数有心理困扰或心理障碍的学生，给予科学有效的心理咨询和辅导，使他们尽快摆脱障碍，调节自我，提高心理健康水平，增强自我教育能力。

（四）德育的原则

1. 主体性原则

所谓主体性原则，是指在德育工作过程中，始终将大学生置于主体地位，始终把大学生看成德育活动的主体，注重培育和造就大学生的主体性。

第一，把学生作为学校德育的价值主体，确立学生在德育中的主体地位。转变将学生仅仅作为教育和管理对象的观念，坚持以学生为根本，以学生为核心，以学生为目的，尊重学生、理解学生、关爱学生，把促进学生的成长、成才作为德育的根本价值取向。

第二，把学生作为学校德育的动力主体，激发学生自我教育的积极性。改变过多地强调教育管理工作者的主导责任，以及对学生的主体作用和自我教育重视不够的现象，致力于唤醒学生的主体意识，激发学生的主体热情，调动学生的主体积极性，在课堂教学、校园文化建设、社团活动、社会实践等环节中，更加充分地发挥学生的主体作用。

第三，把学生作为学校德育的权利主体，切实维护其合法权益。改变重管理、重视对学生的义务要求，而轻服务、忽视学生权益维护的做法，高度重视学生所应具有的受教育权和公民权，使德育的过程成为尊重和维护学生合法权益的过程，成为服务学生成长、成才和全面发展的过程。

第四，把学生作为学校德育的发展主体，促进学生的全面发展。改变重知识轻素质、重灌输轻发展的风气，构建科学与人文相统一的素质结构，社会化与个性化相统一的人格结构，从而促进学生各种素质的和谐发展。

2. 开放性原则

（1）德育目标要体现开放性

德育目标是德育的指针和方向，决定了德育内容、手段和方法等的选择，在德育工作中始终起着主导性和规范性的作用。考察世界先进国家高校的德育目标可以发现，开放性是他们德育目标的共同特色。因此，我国高职德育目标应在现有的基础上，吸纳先进国家德育的一些有效成分。

（2）德育内容要注重开放性

学生的道德发展是一个持续的、有内在规律的过程。因此，德育内容的开放性，应遵循学生道德发展的规律，充分考虑学生理解和接受的能力，根据时代发展和形势变化而不断丰富和更新。

首先，把道德教育内容的价值准则和规范系统向学生开放，让学生独立思考，理性选择。其次，灵活使用不同的德育理论和教材。在遵循国家德育统一目标的原则下，根据本地和学生的实际，引进和吸纳一些先进国家的德育理论和经验，开阔学生视野，增加学生对全球德育发展趋势的了解。最后，德育内容应贴近实际生活。学校应根据学生实际，定期进行形势教育、国家方针政策教育、法纪教育、公德教育、健康教育、环保教育等方面的德育。这些德育内容鲜活丰富，与实际生活密切相关，学生容易理解且乐意接受。

（3）德育手段要展现开放性

充分运用现代科技手段，展现德育课堂教学的开放性。如用计算机模拟一些在实际生活中涉及道德问题的个案，再组织学生进行分析、处理，用电化教学再现历史画面和生活情境，让学生身临其境，真切体验，增加感性认识，使开放中的德育课堂变得生动活泼、丰富多彩，提高德育课堂的教学效果。

3. 实践性原则

（1）德育课堂要贯穿实践性

德育课堂的实践性表现为培养学生分析问题和解决问题的能力，使实践的过程成为学生道德自我完善成熟的过程。为突出德育课堂的实践性，要打破德育课堂固定、静态、纯理论的模式，将课堂融入现实生活，使德育课堂成为学生真刀真枪解决实际问题的大舞台。

首先，德育课堂的实践性要突出教师与学生、学生与学生间的互动，在互动中交流、探讨、内化、提高。其次，德育课堂的实践性要突出学生动手、动脑能力的培养，使学生在面对现实生活中的道德问题时，能够从容地运用自己的道德经验去解决处理。

（2）德育活动要突出实践性

德育活动的实践性，应注重学生在活动中的亲身体验，强调学生通过实践活动获取直接经验。高校具有德育作用和效果的活动不少，如新生军训、社会实践、希望工程等。这些活动可以按照现代德育理念进行科学设计，重点开发、突出活动中学生对事物的感性认识，充分调动学生的感觉器官与心灵双向交流，把交流中获取的感觉、感知、感情通过思想的过滤、提炼，升华到理性认识，凝结成自己的道德观点。

（五）高职德育的特点

1. 德育目标的职业性

高职教育作为高等教育发展中的一个类型，肩负着培养大批技术应用型人才的使命，在我国走新型工业化道路和现代化建设中具有不可替代的重要作用。高职院校的教育目标定位于高等技术教育，具有鲜明的就业导向性，这也决定了高职德育的职业性特征。在开展高职德育时，既要注重对学生进行一般德育内容的传授，又要强调对学生进行与职业有关的职业理想、职业心理的教育。研究我国高职德育工作，加强高职德育工作的针对性，必须有一个明确的高职德育目标。德育目标是在进行德育前，人们在观念中对把受教育者培养成具有何种品德的人的某种预期。德育目标的制定应该是“力求达到方向性与现实性的统一，党和国家的要求与青少年成长自身需要的统一”。我国高职德育目标的确立至少应考虑三个层面：

第一层面即我国高职德育的基础目标是对学生进行职业道德教育和社会生活领域的一般道德规范教育。通过与学生生活紧密联系的日常规范的教育，形成学生较好的公德意识和社会责任感。

第二层面的目标是培养学生社会主义道德信念，帮助学生树立爱国主义、集体主义精神。我国高职德育要用具有时代气息的爱国主义、集体主义精神培养学生，帮助学生形成社会主义道德信念。这既是国家对学生的期望与要求，也符合个体全面发展的要求。

第三层面的目标是让学生具备共产主义理想。这是最高层次的，是建立在科学理论基础之上的目标。这三个层次由低到高、由浅入深、循序渐进，有利于培养学生的公德意识，有利于学生养成良好的自我约束习惯，为学生融入社会打下坚实的基础。

高职德育三个层次的目标中，第一层次目标应突出职业道德的特殊地位，强调“职业人”的培养目标。高职学生“必须具备产业工人的基本素质：思想素质、技能素质和文化素质，这就决定了职业学校德育的职业性特征”。高职德育的细化目标要突出对学生进行职业道德认知、职业道德情感和职业道德行为的教育。

具体可分三步进行：第一步是在基础年级着重培养学生的职业道德认知，引导学生对所从事的职业产生一定的情感。情感是一种内在的精神动力，是良好职业道德形成的第一步。第二步是对学生进行渗透了企业文化的职业道德规范教育。高职院校通过职业道德规范教育帮助学生掌握职业活动中应该遵循的行为准则，培养学生爱岗敬业、踏实肯干、谦虚好学和与人合作的精神；帮助学生树立正确的市场意识、成长意识和竞争意识，培养学生良好的职业素质。第三步是形成学生良好的职业道德行为和职业习惯。职业道德是主观与客观的统一，是自律性与他律性的统一。高职院校通过这三步引导学生完成道德从他律向自律的转换，从而形成良好的道德修养。

2. 德育对象的复杂性

要分析研究高职德育必须了解高职德育的对象。高职德育对象与普通高校德育对象不同，其有着自身的特点，这些特点主要表现在以下几方面：首先，德育对象来源的多样性。高职学生主要由职业中学、技工学校、中等职业学校的对口生源，五年一贯制初中中下游水平的低年龄生源和普通高中中等以下水平的生源组成。生源层次多样，增加了高职德育实施的难度。其次，德育对象的文化基础参差不齐。德育对象的来源不同，所受教育的内容不同，文化课的水平也不相同。普通高中毕业生文化基础相对扎实，学习基础课比较轻松。中职生文化基础课程相对较弱，学习起来有一定难度。这些学生在有关技能的理论知识的学习上都存在一定的困难。再次，德育对象价值取向多样化。德育对象的价值取向总体来说是健康向上的，但由于高职学生与社会、企业的联系非常紧密，学生很容易接触到外界的文化观念、生活方式和分配形式，这些都会对高职学生的价值取向产生影响。由于进入社会实习时年龄较小，他们容易受到一些不健康思想的影响，可能形成以金钱作为衡量一切的错误价值标准。一些学生受现实社会或虚拟网络世界的影响，形成了功利化价值取向或以自我为中心、不关心个人、只强调自我价值实现的倾向。最后，德育对象心理状况复杂。这些学生的自我认同感会比普通高校的学生低，认为自己是个“失败者”，容易自卑和产生挫败感。他们希望自己得到社会的认可，但又不敢去表现自己；想成功但对自己的认识不够客观，没有做好面对挫折的心理准备；对未来信心不足，对就业持不乐观态度。

3. 德育实践的延伸性

实践的观点是德育首要的观点。德育目标可分为认知目标、情感目标和行为目标，但归根到底要落实到德行上。从德育过程看，德育过程本身是实践活动。西方伦理学家麦金太尔明确指出，德性作为个人品格与道德能力，是在共同体中通过人的实践活动历史地形成的，通过一种具有连贯性的、复杂的，与他人共同协作的实践活动，人实现自身卓越的力量，达到自己的目的，实现自己的目标。要完成高职德育目标，必须针对高职教育的实际情况，把德育渗透到高职教育的每一个环节。高职院校的总课程中实践性课程占40%以上，为高职德育实践提供了很好的机会。实践包括校内实践课与实训基地的技能实践，也包括进入企业顶岗实习。高职院校正在积极深化管理体制改革，建立行业、企业、学校共同参与的机制，推行“工学结合”“校企合作”的办学模式，这决定了高职德育具有参与生产实践的特征。“道德并不是区别于社会生活中的其他现象的一种特殊现象，它弥漫、渗透在人的社会生活的一切领域，我们无法限定道德的空间范围。”实践教学过程，理应成为德育重要而有效的途径。职业规范、职业准则的教育具有很强的实践性，良好的职业习惯的形成离不开实践环节。德育的认知目标、情感目标，最后还是要落实到行为目标即学生的德行上。这也意味着高职德育的实践阵地不仅在学校的课堂，而且还要延伸到学生的实训学习或顶岗学习中。学生从德育教师或其他教师的授课中学到的职业道德规范、敬业精神等理论知识，只有通过实践才能真正实现。

二、德育创新的理论基础

实践基础上的理论创新，是社会发展和变革的先导。通过理论创新推动制度创新、科技创新、文化创新以及其他各方面的创新，不断在实践中前进，永不自满，永不懈怠。这是高职院校要长期坚持的治党治国之道。新时期高职德育创新工作必须要以坚实的理论基础为指导。

中国优秀传统文化是历经几千年的社会变革和发展而形成的一种思想和知识系统，中国优秀传统文化追求人与自然的和谐、人与人的和谐，把天、地、人看作统一的整体，以“人与天地万物为一体”“天人合一”为最高境界。

中国优秀传统文化以伦理观念、伦理道德修养及治国安邦之术为核心。高职德育教育引入中国优秀传统文化的创新研究，其内涵和特征主要有：突出伦理本位，倾向于现实政治，宣扬主体意识（主要包括认识的主体性、道德的主体性和生活的主体性），强调整体观念。

（一）“以人为本”的思想

我国正处在社会发展的转型时期。一方面，我国社会主义改革开放与发展市场经济使社会生产方式、生活方式发生转变；另一方面，随着信息网络技术的发展，世界正走向知识经济时代。社会与时代的发展变化必然要求教育与时俱进，培养适应社会转型需要的人才。德育是培育人才社会精神和思想意识的工作，需要体现先进性与发展性，需要改革和创新。但是，它的改革创新必须用新的理念做指导，对传统的理念进行扬弃和超越。

“以人为本”的思想，是体现社会主义性质与价值取向的社会理念，德育必须坚持和弘扬“以人为本”的理念。

以人为本，就是要把人民的利益作为一切工作的出发点和落脚点，不断满足人们的多方面需求和促进人的全面发展。马克思曾经说过，任何一种解放都是把人的世界和人的关系还给人自己，这是以人为本的根本。以人为本，说到底，就是解放人，使人的潜能得到主动、全面、充分的发挥。

以人为本，是做好德育工作的基础和前提。坚持以人为本，就是要求教师在德育教育的过程中，做到尊重学生、理解学生、关心学生和信任学生，注重学生个性发展和全面发展的统一，注重学生创造性人格和健康人格的统一，注重学生“学会”和“会学”的统一，从而促进学生全面发展。

（二）系统科学理论中的“大德育”思想

系统科学是研究事物整体联系和运动发展规律的科学，将德育视为系统性“大德育”的要点表现在以下三方面。

第一，任何一个事物的存在都表现为一个系统。系统是由事物内部互相联系、互相作用、互相依赖和互相影响的若干部分组成的有机整体。整体性是系统的本质属性。系统总是处在其赖以生存和发展的环境之中，并不断同环境进行物质、能量和信息的交换。

在德育这个系统中，包含三个最基本的因素：教育者、受教育者、教育过程。

三者相互联系，互相影响，关系密切。加强高职德育创新，必须从整体性大背景的变化出发，树立战略意识、时代意识。从整体观念和联合作战的思想出发，明确调控目标，使系统整合成一种合力，形成上下连接、左右贯通、立体交叉的德育网络。高职德育工作量大面广，组织过程耗时耗力，没有有效的调控机制，就可能导致结果无序无效。因此，实现德育效果的最大化，不仅需要校内各种教育资源的整合，而且还需要学校、社会和家庭加强联系，相互协调，从整体上优化育人环境。

第二，系统内部各要素具有层次性和等级性，系统的不同层次有着不同的规律。德育的层次性取决于德育对象的层次性，要提升德育效果，必须把握层次性要求，树立德育对象主体性观念，加强针对性工作。研究德育对象的层次性，要注重学生全面发展和理想人格塑造的序列性，在学生学习过程的不同阶段、不同时机、不同教育环节，实施不同的教育内容，采取不同的方式、手段，满足学生不断增长的需要，分层次有重点，由低到高，由浅入深，形成循序渐进的系列教育格局，使实践随着教育理论的发展向更高层次迈进。

第三，结构性系统功能的发挥，不仅取决于组成该系统的各个部分本身，而且取决于各个部分的结构形式，系统的总功能不是各个组成部分功能的简单叠加，而是各个部分功能的有机结合。这一理论要求高职院校要从要素、结构、功能与所处环境的相互联系和制约关系中，分析系统中各要素的结构功能，有意识、有目的地使系统内部各要素达到最佳建构和配置，以求系统形式结构最优和功能最优的整体效应。因此，要做好以下几个方面的工作：高职院校、社会与家庭之间的沟通、合作与融合；高职院校内部各个工作部门、各个岗位之间的协调、有机结合；高职德育工作中的目标、内容、途径、方法、管理和评价等因素合理配置，整体联动，构建一个和谐的大德育工作系统。

三、德育教育的重要性

（一）有助于促进个人全面发展

德育，即思想、政治、道德方面的教育，德育教育对保证个体培养的正确方向，促进个人全面发展起主导性作用。目前，我国社会各界关于思想道德修养建设的呼声越来越高。当代高职学生作为高素质人才，不仅要具备高超的专业技能，而且应具备良好、全面的道德品质。思想政治教育在各级各类学校都要摆在重要地位，任何时候都不能放松和削弱。要说素质，思想政治素质是最重要的素质。不断培养学生的爱国主义、集体主义、社会主义思想，这是素质教育的灵魂。思想政治教育和德育工作之所以重要，是因为它是一项塑造人的灵魂的工程，是教学生如何做人的工作。高职学生德育教育是高职学生形成良好道德品质的重要途径。一个人有什么样的道德行为，与他所受的德育教育分不开。一个人的大学阶段是培养其道德品质的最重要时期，无论在理论、实践还是在情感、心理上，大学生都非常容易接受正面的教育，大学阶段同时也是思想和行为定位的重要时段，这一阶段所接受的教育和文化熏染可以影响一个人一生的思想道德品质和价值取向。

当代高职学生成长于我国经济和社会的大变革时期，他们思想活动和心理状态的独立性、多变性、差异性非常明显；同时，在学习、生活、成长等方面他们面临着很多矛盾和困惑。部分高职学生错误地认为就业不顺利仅仅是知识掌握、个人能力、面试技巧的问题，其实，造成这种局面的出现还有一个重要原因，即其思想道德素质不符合用人单位的要求。因此，高职院校要及时、正确地加强对学生的德育引导，使当代高职学生树立正确的世界观、人生观、价值观和道德观，推进学生就业工作发展，促进学生全面发展。

（二）有助于培养学生成为国之栋梁

在大学阶段加强对高职生的德育教育，能使他们具备良好的思想道德品质，真正成为国家的栋梁之材。教育是民族振兴、社会进步的基石。人一出生就需要学习，接受各种各样的教育，学习和教育会伴随人的一生。教育也是提高国民素质、促进人的全面发展的根本途径。德国教育家凯兴斯泰纳主张“国家的教育制度只有一个目标，那就是造就公民”。坚持德育为先，不断推进素质教育，是教育改革发展的战略主题，也是贯彻党的教育方针的时代要求。学校的根本任务是培养人，以德育人既是培养人才的重要手段，也是培养人才的重要目的。德育工作始终要围绕解决学生“做什么人、走什么路、为什么学”的问题。高职院校是培养中国特色社会主义合格建设者和可靠接班人的重要“摇篮”，其必须重视德育教育，必须切实加强和改进高职学生的思想政治教育工作。

当今社会，我们可喜地看到当代高职学生在大是大非和重大灾害面前展现出良好的政治素质、强烈的爱国情怀和高尚的精神风貌，但同时也应该看到部分学生的思想观念、价值取向出现了新变化，他们对一些重大问题还存在模糊甚至是错误的认识。因此，要加强对高职学生的德育教育，让他们具备良好的思想道德品质，成为国家的人才。总之，高职院校必须始终保持清醒的头脑，以提升德育教育质量为重要途径，克服多方面因素形成的新挑战和新问题，更好地帮助学生健康成长和成才。

（三）有助于构建和谐社会

社会风气是社会文明程度的重要标志，是社会价值导向的集中体现。树立良好的社会风气，是广大人民群众的强烈愿望，也是经济社会发展的内在要求。当前，社会风气主流是好的，但道德失范的现象时有发生。好的社会风气，可以陶冶、滋养人们的道德情操；而不良的观念和行为一旦形成风气，就会腐蚀社会的健康机体。而良好的社会风气又是构建和谐社会的前提条件。

加强公民的道德素质，是形成良好社会风气的基础，这其中尤为重要的是青少年大学生的思想道德建设，当然也包括高职德育教育。不断在高职院校中广泛开展各种形式的主题教育活动，可以培养数以千万计的热爱祖国、遵纪守法、诚实守信、知书达理的现代公民，不断提升学生的精神风貌使之更加蓬勃向上，人际关系更加和谐融洽。归根到底，高职学生的德育教育有助于学生的全面发展，以及良好社会风气的形成，进而有助于构建和谐社会。

第二章　中国优秀传统文化与德育教育的关系

中国优秀传统文化与德育教育有着密切的内在联系，高职德育也应充分挖掘中国优秀传统文化中的德育资源，发挥中国优秀传统文化独特的价值。本章分为中国优秀传统文化和德育教育的内在契合，中国优秀传统文化的德育教育资源，中国优秀传统文化的德育价值三个部分。主要包括中国优秀传统文化和德育教育的相互促进、共建同构以及契合点，中国优秀传统文化中的德育教育理念、教育内容、教育方法和教育载体等内容。

第一节　中国优秀传统文化和德育教育的内在契合

一、中国优秀传统文化和德育教育相互促进

中国优秀传统文化是文化范畴中的一种，厘清文化与德育的关系有助于从本质上认识中国优秀传统文化融入德育的必要性。较早关注这一问题的，有鲁洁、王逢贤 1994 年主编的《德育新论》，其中专门设立章节论述了“文化学视角中的德育”这一问题。王仕民所著的《德育文化论》则站在文化学的视角对德育与文化的关系进行了较为深刻的探讨。

关于德育与文化的关系主要有两方面的代表性观点：一是明确指出德育的文化归属或文化本质。金雁认为德育本身就是一种文化，而文化也包含着德育。李萍、林滨主编的《比较德育》中总结了现实生活中各地德育与文化的内在关系，并以此为基础探究德育发展的规律。二是认为德育应该引入文化学的研究范式。在王仕民所著的《德育文化论》中，对德育文化的概念、内涵以及德育文化的建设等问题进行了较为系统的论述。郑忠梅指出德育研究应该引入文化哲学的研究范式，借鉴其研究方法，这是德育研究创新发展的一种必然选择。郑忠梅、秦在东在《文化视野：思想政治教育研究的新范式》一文中指出德育教育研究的发展

需要引入文化学视角，这有助于深刻把握德育教育的本质和规律。

传统文化与现代德育存在着相辅相成的密切关系，一方面传统文化可以为现代德育提供丰富的资源，另一方面德育也是弘扬传统文化的有效路径，二者相互促进。这方面的研究立足于提高德育效果，将传统文化作为一种有益的资源引入德育活动中，通过探究对传统文化的开发和利用，发挥传统文化的德育功能。

一类研究是对“通过文化育人”进行理论角度的论述。戚万学的著作《道德教育的文化使命》从文化的视角审视道德教育，指出道德教育应该担负起文化使命，才能有相对完整和深刻的走向。沈壮海指出应该提升德育教育的文化品位，其著作《思想政治教育的文化视野》较为深入地对中华民族德育教育传统的内容及其发扬、德育的创新发展进行了探讨。

另一类是系统地探讨融入的问题。陈守聪、王珍喜主编的《中国传统文化的价值与现代德育构建》从指导思想、德育目标、德育途径和评价体系等方面系统地探讨了中国优秀传统文化与现代德育的融通借鉴问题。凌烨丽在《对优秀传统文化融入高职德育的思考》一文中指出，中华传统文化融入德育应遵循价值引领性、文化渗透性、理实一体性和育人实效性，建立联动育人机制、营造浓厚文化育人氛围、建设立体化育人格局。唯有如此，才能满足德育的时代要求和现实状况。马晓君则讨论了基于传统文化的德育现代性路径建构，指出中华传统文化具有自我革新的特性，德育现代性应当批判性地吸收传统文化中的德育内容，选取符合时代发展潮流的精华部分，发挥传统文化的层级教育优势，创造丰富的社会实践机会，实现教育对人的解放功能和人的全面发展。还有一类研究是从不同的角度对融入的具体对策进行了探讨。沈建华认为要实现传统文化与青少年道德教育的有效链接，可以从加强课程建设、搭建多元平台、创新教育方法、重视师资培养四方面努力，通过传统文化来丰富道德教育内容、营造道德教育环境。汤国红则主张通过建构传统文化校本课程来提升教师的育德能力，并认为校本课程的建构应满足教师育德的思想力、设计力和实施力。王鹤岩、张志顺在《辩证继承中华民族传统文化中的德育资源》一文中详细论述了中华民族传统文化蕴含的德育资源，并提出辩证地继承中华民族传统文化中德育资源的途径。

在总结学界研究成果的基础上，下文将对中国优秀传统文化和德育教育如何相互促进进行简要论述。

（一）中国优秀传统文化是德育教育的重要基础

延续了几千年的中国优秀传统文化是中华民族智慧的凝结，流传至今已经成为中国社会现实的文化基础，成为中国文化国情方面的重要组成部分。生活在这种文化背景下的受教育者必定是中国优秀传统文化的现实接受者和传承者，他们的思维方式和情感意识时时刻刻受到中国优秀传统文化的影响和制约，其中大多数人是不知不觉、间接地接受影响并被熏陶的。当通过现实的社会过程把中国优秀传统文化内化为人们的精神时，便给予人们以特定的精神、品格、观念、情感、意识，这些东西支配着他们的行为性格和价值定位。

因此，德育教育工作者就要在思想上重视中国优秀传统文化这个背景，并在此基础上重视进行中国优秀传统文化的教育，在行动上努力挖掘中国优秀传统文化中的积极因素，并用这些积极因素为德育工作指明方向，加强德育工作的时效性和实际性。高职院校的德育教育工作是在特定的历史条件下进行的一种创造活动，中国优秀传统文化则是这种历史条件的一个重要组成部分，成为德育教育的历史基础。源远流长的中国优秀传统文化影响着我国的德育教育，进行德育教育离不开中国优秀传统文化。教育是在人类历史文化发生和发展的过程中产生的，并且已成为一种文化现象，可以说教育起源于文化，没有优秀文化传统就不可能有人类教育，因为一个民族对历史的传承是容不得选择的，对优秀传统文化传承更是如此，优秀传统文化成为德育教育重要的前提和基础也就是必然的了。认识优秀传统历史文化对德育教育的巨大作用，根据民族传统文化精神所提供的一些优秀思想进行一定的教育活动，对下一代的思想行为进行教育规范，有利于创造出更发达的文化及更高的文明社会。因此，每个国家的德育教育工作、思想道德素质教育工作都是以本民族的优秀传统文化为基础的。中国优秀传统文化是一笔巨大、宝贵的精神财富，它的博大精深、历史悠久让世界各国人民感叹敬慕，让中华子孙为之感动，为之骄傲自豪，具有不可估量的现代价值。高校德育要利用和吸收中国传统文化中的积极因素来进行德育教育建设，让德育教育更具有民族特色。

高职院校必须根据历史发展变化的情况，改善过去德育教育水平不高的局面，赋予德育教育深厚的文化内涵和底蕴。德育的文化基础必须建立在民族传统思想文化的教育上，德育要与深厚广阔的历史文化背景紧密相连，实际上民族传统文化也深深制约着德育教育的发展。因此，进行德育不能脱离我国实际，必须结合我国国情，必须以中国优秀传统文化为基础。这就要求高职院校用辩证唯物主义观点对中国优秀传统文化进行理性梳理，挖掘中国优秀传统文化中关于理想信念、价值观念、道德规范及人格修养的精华，创造出植根现实、传承传统、推陈出新、融合古今的德育教育资源。

一个民族最重要的是它的精神，铸就一个民族灵魂最重要的是建构它的精神家园。因为精神家园是一个民族本性的深层结构和核心标志。只有坚持民族优秀传统文化精神，弘扬中华优秀传统文化精神，建设中华民族特有的价值理念和价值理想，才能构建中华民族共有的精神家园。任何事物都有它的两面性，传统文化也一样，有积极和消极两个方面，这里论述的是中华传统文化中的积极因素，是经过中国人民长期实践，由先哲们提炼出来的精华。它不仅可以指导中国人民的生活方式，而且影响人民的思想和价值观念，并推动着社会的发展。这些精华对当前德育教育起着指导性和决定性的作用，可以丰富并充实德育教育。

德育教育所期望达到的目的就是把这些积极的因素传承下去，让这些积极的因素决定德育教育的内容及其发展方向，并成为德育教育的发源点和最终的归宿。同时，这些积极因素本身也是德育教育的主要内容，传统文化影响人们的人生观、价值理念、社会公德、家庭责任等思想成分。

德育教育环境的内容就是与德育教育有关的并对其产生影响的外部因素。其中，对人的思想性格、品德素质的形成和发展起决定性影响的是文化环境。中国优秀传统文化是文化环境的一部分，因此，中国优秀传统文化对人的思想性格、道德素质的形成和发展起着很大的作用，是德育教育发展的一个重要条件。

（二）德育教育有助于中国优秀传统文化的发展创新

德育教育的内容不仅包括对中国优秀传统文化的继承，而且必须以现代生活和文化为基点。因此，德育教育绝不仅仅是对已有中国优秀传统文化的简单继承，还要不断吸收与时俱进的文化，只有这样才能适应不断发展的社会需要。而思想文化创新必须站在巨人的肩上，以历史传统文化为基础，推陈出新，不可能有不进行继承的创新。德育教育必须以中国优秀传统文化为基础，结合当今社会的生产生活实践，创造出我们传统中没有的全新的东西，这是德育教育工作所必需的，也是德育教育工作的特征。因此，现代德育教育有助于中国优秀传统文化的发展和创新。

德育教育是在中国优秀传统文化的基础上发展起来的，而中国优秀传统文化是靠德育教育积累和传递的。中国优秀传统文化是人类历史文明发展过程中的结晶，它是有生命的，并不像博物馆里的陈列品，因此我们要认识它的生命本质并为我们所用。另外，接受中国优秀传统文化也不是像从先辈手中接过管家的钥匙，把接收过来的东西忠实地保存着，然后毫不改变、小心翼翼地保持着并传给后代。

中国优秀传统文化不是周而复始、没有创新变化的，不是重复过去、永远保持原来的规则，没有进步、没有改变的。中国优秀传统文化里蕴含的思维方式、价值取向、行为规则，一方面具有强烈的历史遗传性，另一方面又有鲜活的和不断创新的现实性，它每时每刻都在影响着今天的中国人，为我们开创新文化提供坚实基础和有力的依据。中国优秀传统文化是在历史发展的过程中，由人们用不同的方式默默地加以继承和发展。要继承好中国优秀传统文化，离不开德育教育，德育教育是继承发展中国优秀传统文化最有效的方式和工具。

德育的理论、内容及人们的思想政治素质，是社会文化的重要组成部分，随着历史的推进，它们逐渐演变成传统文化的一部分。德育教育的发展，把社会的传统文化含量推向新的高潮。所以，德育在历史发展的进程中起到推动中国优秀传统文化发展和创新的重要作用。

通过以上论述可以看出，德育同中国优秀传统文化的关系是密不可分的：一方面，中国优秀传统文化是德育教育发展的重要条件，它为德育教育提供了必要的基础，离开中国优秀传统文化，德育教育就像无源之水、无本之木，失去了一定的载体和特定的支撑；另一方面，进行德育教育而产生的理论、使用的内容以及人们的思想政治素质所达到的成果，都将成为中国优秀传统文化新的重要组成部分，德育教育的健康发展，必将推动一个民族的优秀传统文化向更高、更新的水平发展。

二、中国优秀传统文化和德育教育共建同构

（一）中国优秀传统文化和德育教育的要求共生

中国优秀传统文化能够丰富人的精神境界，提高人的思想道德修为，陶冶人的价值情操，培植人的健康人格。中国优秀传统文化是极富民族气韵和国家气节的多元文化宝库，以古代灿烂的思想文化星河为成长空间，经过历史的洗刷和沉淀，生长成为社会主义核心价值体系的重要组成部分，并适应当今社会发展的主流意识形态发育。中国优秀传统文化的“古”和社会主义核心价值体系的“今”虽然隔着时间的长河，但其对教育对象的本质要求是根本一致的。可以说，当代高职德育教育的要求与中国优秀传统文化一脉相承又与时俱进，都内蕴了诸多传统文化精华，是我国优秀传统文化与中国特色社会主义文化交融的现实体现。

改革开放后中国的发展加速了中华文化的扩散以及与世界文化的交流，这也

使得海量的西方文化思想迅速涌入我国的文化肌体。青年学生不谙世事，面对新鲜事物的诱惑，充满新奇感和试探心，这就可能导致学生不加扬弃地接受外来文化，其思想观念因此呈现出多元化的趋势，进而影响其意志品质和价值形态的塑形。可见，在高职德育教育中融入中国优秀传统文化的要求和目标，对于学生思想品德观念的跃迁以及对中国优秀传统文化的传承与创新具有重大意义。中国优秀传统文化与高职德育教育契合的起点就是二者的要求原则相同，中国优秀传统文化中的爱国主义精神、自强不息精神，以及修身、仁爱、和谐的文化精神，都与高职德育教育的道德观教育、价值观教育、人生观教育相一致。

（二）中国优秀传统文化和德育教育的价值耦合

从文化的发展历史来看，德育教育从广义上属于文化领域的重要子系统，它的出现要晚于文化的产生，因此，人们通过德育教育确立的理想信念就是基于对中国优秀传统文化的审思、鉴别、承续而形成的。德育教育同时也是人类世界特别是人类精神世界得以存在和延续的主要渠道，有助于凝聚社会共识、弘扬主流思想、批判错误思想。它在价值取向上需要面对的核心议题是要实现传统价值与时代价值的辩证统一，这种统一存在着根源的相关性，而且是有内在的理论逻辑作为基础的。因为中国优秀传统文化与德育教育都是唯物史观视域中“观念”，属于上层建筑，也就是说，它们都是由社会经济基础所决定的。这些内生的关系为中国优秀传统文化与德育教育的互融提供了价值基础。

中国优秀传统文化的价值功能是“以文化人”，强调一个“化”字；而高职德育教育的价值功能是“以德润人”，强调一个“教”字，二者在价值功能上是统一的，即都是强调通过人类意识性的价值传导活动，“教”“化”人类对象，使其形成社会理想的人格主体。在中国优秀传统文化中，理想的价值追求是“纵一苇之所如，凌万顷之茫然”的豁达，抑或是“海阔凭鱼跃，天高任鸟飞”的豪情；是“博观而约取，厚积而薄发”的坚韧，抑或是“天生我才必有用，千金散尽还复来”的傲情。古时之人最擅长谱绘人生价值的熠熠图景，这样的价值立场深植于中华文化广袤的沃土中，在历史的横断面上受到了中国人民的热情追捧和吸纳。随着历史的推移前进，语言文字的表达方式和文学形态虽然已经发生了天翻地覆的变化，但中华民族固有的价值表达情愫从未改变，并承续至今。当代中国的价值呈现基于中国文化传统和历史社会现实，通过德育教育而形成，这种价值承续使当代的价值系统具有了实现的可能性和必然性。

（三）中国优秀传统文化和德育教育的内容交融

针对不同教育对象的实际选择内容是开展高职德育教育的关键基础，是保证高职德育教育取得实际成效的实然要求。以价值观念、传统美德、人文精神为主要内核的中国优秀传统文化始终具有超越时空、贯穿古今的恒久价值，它不但是古代社会思想教化的内容，而且也值得在当代的高职德育教育中大力弘扬。例如，价值观里的以人为本、天人合一、仁义礼智等，传统美德里的立志勤学、诚实守信、见利思义等，人文精神里的厚德载物、勤俭治国、美美与共等，在高职德育教育中都能寻觅到这些印着中华特性的胎记，这对守护当代中国人的精神田园、安顿尘世的浮躁心灵、消解名利物欲带来的精神负担、形成理性平和的社会风气具有重要意义。这些富足充裕的内容使得中华文化基因库一应俱全、包罗万象，也充实了高职德育教育内容的“库存容量”。

随着高职学生接受教育的方式不断更新，用纯政治化的教育内容和形式来实施高职德育教育，不但无利于德育教育任务的推进和完成，而且会有损德育教育本身的说服力与影响力，增加教育者开展工作的难度。不能把“德育教育”简单等同于“政治教育”或“思想教育”，这其中很重要的原因在于德育教育并不是居高临下、危言耸听的政治教导，或者侧耳聆听、喃喃自语的心理疏导，而是由内涵丰盈的中国优秀传统文化滋养，运用文化性的教育方式教化人们的思想，从而使人认知、接受和遵守德育要求的教育。因此，中国优秀传统文化与高职德育教育都拥有“文化”的内容，对内通过德性的驯化进行觉知觉察，实现心灵道德的内在架设和超越，对外通过以情动人、以德育人、以理服人，使教育对象自觉悟化，认同教育价值内容。

三、中国优秀传统文化和德育教育的契合点

（一）中国优秀传统文化修身观与人格培育

过硬的自身素质是高职大学生全面发展的前提条件，而人格培育处于其素质教育的核心地位，对学生进行德育教育的首要任务是正其身，帮助学生建立高尚、健全的人格，这在很大程度上与中国优秀传统文化修身观念相互契合。中国优秀传统文化向来高度重视修身的作用，在儒家经典之作《大学》中就突出记述“修身”在“齐家、治国、平天下”中的重要意义。当代高职大学生德育教育的首要目的就是要教会学生去物欲所蔽，修养人性本善，尤其是通过中国优秀传统文化中克

己自省、迁善改过的方式帮助学生达到较高的精神境界。高职大学生要善于用社会道德准则来约束自己，德育教育工作者也要帮助高职院校学生完成“内省”，帮助学生在人格建设上得到突破，不断提升自身素质。

中国优秀传统文化中所提倡的修身观可以帮助高职大学生提高人格素养，弥补现代科学文化教育的缺失和不足。中国优秀传统文化教育主张通过修身建立自觉意识，从言谈、举止、礼仪等多方面培养人格自觉，运用启发、熏染的教育方法使受教育者不知不觉地受到影响和感染，建立符合社会要求的独立人格和思想品德。

高职大学生德育工作的出发点就在于帮助学生建立正确的人生观、价值观和世界观，这促使我们必须切实重视学生的人格培养。高职德育教育充分结合中国优秀传统文化修身观，可以强化高职大学生人文气质，帮助学生自觉净化心灵，形成具有深厚内涵的精神气质。也就是说，高职德育教育与中国优秀传统文化的修身观在目的上一致，能够促使我们将中华民族特有的精神气质与文化追求融入德育中，取其精华，陶冶大学生的心灵，塑造大学生的理想人格，从而实现德育的总目标。

（二）中国优秀传统文化道德观与德育教育

张岂之教授在接受采访时曾指出，当代部分大学生存在学业成绩优异，但缺乏合作精神和文明礼貌的现象。这说明由于当代中国高职院校教育存在重视知识的传播而忽视教化功能的情况，使高职院校教育变成了“教育生产线”。中国优秀传统文化在道德观上可以说是非常先进的，中国优秀传统文化在发展的过程中逐渐形成了以儒学为中心的人文教育，这也成为德育的最好载体与素材。当代高职学生想要成长为符合社会需要的人才，必须具备较高的道德素质，这也是高职院校教育“立德树人”总目标的最根本体现，高职院校要通过德育工作将学生培养为“一个高尚的人，一个纯粹的人，一个有道德的人，一个脱离低级趣味的人，一个有益于人民的人”。

中国优秀传统文化的道德观对高职大学生正确道德观的形成起着极为重要的作用。“富贵不能淫，贫贱不能移，威武不能屈”的传统观念充分体现出中国优秀传统文化对道德素质的高度重视和要求，道德素质无论对个人成长还是国家发展都是必不可少的。正确的道德观念教育能够使高职大学生懂得做人做事的道理，对于形成正确的人生观、价值观具有重要作用。正确的道德观无论在任何时代都是适用的，而且也是必须存在的，我们开展高职学生德育教育工作的目的就是要教会学生在遵守国家法律法规的同时学会如何与人友善相处、热爱国家，做一个诚实守信和有强烈道德感的人。

当代部分高职大学生存在道德缺失的问题已经引起国家高度重视，在校大学生的道德素质关乎国家的未来，而中国优秀传统文化的道德观为我们的德育教育提供了思路和方法，以使大学生德育工作与优秀传统文化更加密切地契合。而在高职大学生的德育教育中，高职院校也应当注重师德教育，“要加强师德师风建设，坚持教书和育人相统一，坚持言传和身教相统一，坚持潜心问道和关注社会相统一，坚持学术自由和学术规范相统一，引导广大教师以德立身、以德立学、以德施教”。

（三）中国优秀传统文化实践观与能力培养

中国优秀传统文化中一直有注重实践的习惯，这一实践观贯穿了中国几千年的发展历程，中国古代就有“知之非艰，行之惟艰”的观念，着重强调实践的重要性。在诸子百家时代，各家学说分别提出了自己的实践观，如荀子在其理论中将朴素唯物主义知行观发展到了较高层次，按照“闻之—见之—知之—行之”的认识的过程，把认识的目的归之于“行”。以儒家伦理思想为核心的实践观既伴有诚信、尚礼、重义等文化特质又兼具实用性，彰显自身独特之处。

伴随着社会的发展，“格物致知”“经世致用”的知行观在中国优秀传统文化的形成过程中逐步成熟，并融合了儒、墨、法、道等多家思想。实事求是的思想方法、身体力行的价值取向成为中国优秀传统文化实践观的外在表现。正是在中国优秀传统文化实践观念的影响下，中国古代的科学基本上都是实用科学，并且取得了较为重要的成就，解决了诸多实际问题，居于世界领先地位。

“思想政治工作从根本上说是做人的工作，必须围绕学生、关照学生、服务学生，不断提高学生思想水平、政治觉悟、道德品质、文化素养，让学生成为德才兼备、全面发展的人才。”当代高职大学生是由国家培养的高级高素质专业人才，从实践观培育角度来讲，“格物致知”的思想能够培养学生探究真理的科研能力，“经世致用”的理念引导学生将所学付诸实践，践行学习联系实际、心系社会的思想理念。从德育教育的角度来说，中国优秀传统文化实践观结合高职大学生教育的时代背景，更加有利于实现学校对人才的培养目标。高职大学生德育教育与中国优秀传统文化相结合，对学生全面发展有着巨大的作用。

第二节　中国优秀传统文化的德育教育资源

一、相关概念界定

（一）德育资源的概念

张艳红认为，“德育资源异于资源、教育资源，德育资源是教育资源的重要组成部分”。德育资源指的是在培养人的德性的过程中起作用的全部因素，具体包含人力、物力、财力，也包含知识、经验、信息等因素。

德育资源通常具有以下四个特点，即广泛存在、影响普遍、正向负向作用并存、显性资源与潜在资源并存。开发利用德育资源不仅能解决德育资源匮乏、德育资源浪费的问题，还能在一定程度上使德育更贴近我们的日常生活、优化学校的德育，从而进一步提高德育的实效性和真实性。

与德育资源息息相关的还有另一概念，即“德育资源意识”。德育资源意识指的是教育者为了实现既定的德育目标而积极寻求并关注具有德育价值的事物，主动而敏锐地对这些事物进行捕捉和利用的主观意向性思维活动。

（二）德育资源的特征

德育资源虽然涵盖的范围广泛，但是也有一定的共同特征，这些特征分别为多样性、多用性和生成性。

1. 多样性

德育资源在我们的生活中可以说处处可见、时时可见。比如，强烈的爱国主义精神，优良的道德品质规范，团结进取、文明和谐及友善互助的意识等，都可以说是德育“活的教材”。此外，一些民间的传说故事、歌舞、俗语也都属于德育资源的素材。德育资源丰富且广泛，自然界和人类社会、校内和校外、显性的和隐性的……丰富的德育资源类型充实了德育实践活动的内容。

2. 多用性

德育资源的作用并不是单一的为德育实践活动充当素材，德育资源可以影响一个人的价值观和行为。例如，偏远地区经济落后但自然风光格外秀丽，一方面它可以成为引导学生感恩伟大祖国、热爱美好家园的德育资源，另一方面可以成为鼓励学生努力学习，等到毕业走出校园走上社会后，贡献自身力量改变家乡落后的生产生活的资源。

3. 生成性

德育资源可以被多次利用和开发，也就是说，每一种德育资源都有可能研发出新的德育资源，而新的德育资源往往更加适合当下的社会环境。所以，德育资源的生成要求开发者要有较高的综合素质，这不是一蹴而就的事情。

（三）德育资源的价值

1. 整合性价值

德育教育并非一个简单的教育活动，像我们平时提到关于德育的内容、核心、方法、目标、管理等，这些都是德育的构成因素，并且这些因素之间都有着密不可分的联系，需要找到各因素之间的平衡点，达到最优配置，才能使德育资源的价值最大化。遗憾的是，在现实生活中，我们常常忽视德育资源的整合性构建，更多地去关注某一因素，并仅对这一因素进行分析探索，这也就导致其发挥作用时势单力薄，整合性作用并没有真正发挥出来。

2. 基础性价值

德育资源是德育实践的基础和源泉。使用一定的德育资源去开展、促进德育实践活动，能帮助其更好地进行。德育资源各要素相互联系、作用并影响，因此对德育资源各要素进行科学合理的配置与使用能够发挥其最大的基础性价值。

没有德育效益，德育就没有生命力，若小觑了德育资源，便会造成德育整体效益下降的后果，可见德育资源会极大地影响德育实效。

（四）优秀传统文化德育资源

优秀传统文化德育资源作为中国传统德育资源中的经典，所包含的内容非常丰富，是一套非常完整的德育理论体系。其包含的德育思想主要有“孝为仁本”的伦理道德，孝是仁的根源，遵守孝道才能谈仁；“中庸为德”的处世智慧，即为人处世时要保持中正、平和的态度；“义以为上”的理性原则，即在利与义的取舍中，要舍利取义；“诚信为本”的交往之道，即与朋友交往要言而有信以及要有“忧国忧民”的担当情怀。

优秀传统文化中主要包含自我修养法和他人施教法两类德育方法，自我修养法有“内省修己，反求诸己”“学思结合，学思并重”“慎言力行，知行合一”，他人施教法有“因材施教，有教无类”“身教示范，榜样引导”“愤启悱发，启发诱导”“环境渗透，熏陶感染”。这些优秀传统文化的德育思想和德育方法不仅在当时对人们的教化产生了积极影响，而且在当代社会，也在相当大的程度上影响着人们的思想和行为，真的是中华民族的瑰宝。

二、中国优秀传统文化中的德育教育理念

中国优秀传统文化的德育理念是和谐教育。“一切皆以修身为本”，从修身、齐家开始，然后走向治国、平天下。

首先，只有通过修身，人才能去除贪念、物欲、自私等弱点，完善自己的心性，提升自己的境界，实现身心和谐。

其次，只有通过修身，提高自己的修养，才能处理好夫妇、父子、兄弟、君臣、朋友这“五伦”关系，实现人与社会的和谐。

最后，只有通过修身，才能“天地位焉，万物育焉”。人要不断修为自己，把自我的生命精神融入天地的生命精神，与天地共同参赞世间万物之化育，实现人与自然万物的和谐。其总的特质就是以道德教育为核心，以培养道德认识、道德情感、道德意志为中间过程，以道德行为为终极目标，其价值取向就是受教育者身心的和谐发展。

当前，高职院校教育以市场为导向，以就业为目标来培养学生，往往忽略学生的和谐发展。当代高职大学生，主流是好的，但是部分学生存在道德失范问题。因此，借鉴中国优秀传统文化的德育理念，以和谐文化构筑心理与道德防线就显得尤为必要。

三、中国优秀传统文化中的德育教育内容

高职院校大学生德育教育的过程主要包含思想、政治、道德观念等内容，而中国优秀传统文化的内容涵盖了人的思想意识、知识理论、道德培养等诸多方面，二者在内容上互相联系、互相融通。

（一）国家观

国家观是人们对国家问题的总的看法和基本观点，新时期的国家观应该顺应时代的发展。从古至今，多少文人墨客都有一种强烈的忧国忧民意识，把国家和

民族的利益放在首位，将“以天下为己任”作为自己最崇高的道德标准。从孔子的“诗可以怨”的思想，到范仲淹的“先天下之忧而忧，后天下之乐而乐”的爱国情怀，再到顾炎武的“天下兴亡，匹夫有责”的呐喊，这些无不反映出古人的忧患意识和爱国精神。培养高职院校大学生正确国家观的内核是让大学生深入领会爱国主义思想，树立大学生对国家的理性、积极、正确、全面的观念，它是增强国家凝聚力的重要精神保障，为国家长久发展指引航向。

可以说，儒家所提倡的“修身、齐家、治国、平天下”的价值理念，体现了中华民族先人们爱国和忧民的思想，作为古人经久不衰的精神追求而传承不息，这些国家至上的爱国精神已经深入中华儿女的思想和灵魂之中。这种国家至上的爱国精神和忧民的思想意识，对于当代高职院校大学生塑造人生理想、承担责任使命有着重要的意义，通过中国优秀传统文化的熏陶，必然能够让大学生为中华民族的伟大复兴而加倍努力奋斗。

以儒家思想为主导的中国优秀传统文化在人生观方面强调重视人的生命，但同时更加推崇的是为整体的利益毫不犹豫地牺牲个人的生命和利益。孔子不信鬼神，拒绝谈论来世，只求在现世世界中为国家、为人民、为天下尽义务并从中实现个人的生命价值。孟子说：“生，亦我所欲也；义，亦我所欲也。二者不可得兼，舍生而取义者也。”从中可以看出儒家在面对“生”与“义”的矛盾时坚定地选择“义”，“生”是个人的，“义”则是整体的，个人的生命价值只有在整体的事业中才能实现。从屈原的“亦余心之所善兮，虽九死其犹未悔”到范仲淹的“先天下之忧而忧，后天下之乐而乐”，从林则徐的“苟利国家生死以，岂因祸福避趋之”到抗日战争时期舍身炸碉堡的董存瑞，等等，这种把国家和民族的前途与命运放在首位的爱国主义精神被一代又一代中国人传承至今，无数仁人志士为了国家的统一和领土的完整而不懈奋斗，甚至付出了自己宝贵的生命。

爱国主义精神的产生、发展和演变同中华民族的发展历程是分不开的，正是因为爱国主义精神的存在才使中华民族摆脱了被侵略、被欺辱的过往，重新站起来，走向更光辉的未来。这种爱国主义精神在当今的高职院校德育教育中也是极为重要的组成部分。一个合格的人才不仅要具备相应的专业知识，更要深怀爱国之情，试问一个不能对自己的祖国抱有热爱之情的人，怎么能承担实现中华民族伟大复兴的重任？因此，高职院校德育教育的工作者应大力弘扬中国优秀传统文化，从中国优秀传统文化中挖掘爱国主义教育资源对现代大学生进行爱国主义情操培养。

（二）礼仪文明

礼仪文明作为中国优秀传统文化的一个重要组成部分，对中国社会的历史发展产生了广泛深远的影响。中国优秀传统文化中，礼仪规范不仅被视为做人的根本，也被视为建功立业的根基。《左传》说："礼以行义，义以生利，利以平民，政之大节也。"孔子说："不学礼，无以立。"

礼仪文化建设，在国内外的公共关系、国际事务往来、日常商务活动、人与人的自然交往等方面都起着非常重要的作用。随着中国经济的迅速发展，我国物质文明和精神文明的差距逐渐增大，在物质文明高度发展、精神文明相对落后的今天，社会风气存在着不少的问题。一些领域和一些地方出现道德失范现象，是非、善恶、美丑界定混乱，拜金主义、享乐主义、极端个人主义有所滋长，见利忘义、损公肥私行为时有发生。礼仪文化建设是以德治国、端正社会风气必不可少的一环。

中华礼仪文化以其平和、中正的特征对人们产生了深远的影响。但是任何一个民族的文化都不可能是一成不变的，而应该与时俱进、弃其糟粕、取其精华。优秀文化的因子往往历久弥新，长久地存活在历史的长河中，持续地影响着民族的精神和面貌。例如，在历史的长河中，诞生了诸如老子、孔子、孟子，以及苏格拉底、柏拉图、亚里士多德等哲人和他们光耀千古的经典。

几千年来，他们始终伴随着历史的进程，人们几乎处处可以感受到他们的存在。即使在科技高度发达的今天，人们还要从他们身上寻找智慧，对儒家倡导的礼乐文化，人们也应该作如是观。综上所述，中国传统的礼仪文明，是宝贵的德育资源，可以为大学生提供重要的借鉴。

（三）奋斗精神

自强不息出自《周易》，"天行健，君子以自强不息；地势坤，君子以厚德载物"。自强不息是民族文化中不可或缺的精神之一，在中国优秀传统文化的历史长河中拥有无法替代的作用。自强不息是我国优秀传统文化核心理念之一。民族的发展不能离开拼搏进取的精神，高职院校育人也理当像天道运行不息一样，发奋图强，拼搏向上，永不停息。

中华民族之所以站起来了，根本原因是中华儿女勇于面对一切风险与困难，从来没有放弃的念头，为自己为国家为民族奋斗。任何时代都存在着自强不息的身影，每个时代对这种精神都有着不一样的理解和诠释。在21世纪，我们更应该将自强不息的精神放入高职院校德育体系中进行探讨和研究，发现其规律特点，这有利于高职院校相关学术研究和体系的建设，有助于中国优秀传统文化更好传承，这种自强不息拼搏向上的精神，能更快地实现高职院校中优秀传统文化的创造性转化，使中华民族精神内涵永远焕发活力，永远屹立于世界民族之林。

（四）仁爱精神

“仁”是儒家学说最为核心的关键词，有人称其为儒家学说的基石。儒家经典《论语》当中，“仁”字就出现了百余次。儒家的仁爱观念是中华传统仁爱观念的主流，这种仁爱观要由近及远、由亲向疏，最后做到爱天地万物。“亲亲而仁民，仁民而爱物”，最终达至“仁者，以天地万物为一体”的境界。

“仁爱”的第一层含义是爱自己的亲人，这是人伦之本，是人最基本的情感。孔子说：“君子务本，本立而道生。孝弟也者，其为仁之本与。”“仁爱”的第二层含义是要爱陌生人，即“泛爱众，而亲仁”，这是爱的扩展，也是仁的较高的境界。“仁爱”的第三层含义，是要爱天地万物，这是仁的最高境界。

中国优秀传统文化中的“仁爱”，既是人的基本素质，也是传统文化对人最基本的要求。“仁爱”的内涵与社会主义核心价值观中的诚信、友善相一致，不仅是公民必须恪守的基本道德准则，也是评价公民道德行为选择的基本价值标准。

我国历代圣贤、哲人对仁爱思想做出了深刻的论述，对其内涵也做出了充分的解释。作为中国优秀传统文化的重要组成部分，仁爱思想在当代仍意蕴丰富。面对新时代，人与人、人与社会、人与自然的复杂关系，我们有必要重新审视仁爱思想的价值，让其在现代得到更全面的诠释。

①在人与人的关系方面。儒家的仁爱思想要求人们要“爱人”，这为我们今处理人与人之间复杂关系的问题给出了一个很好的解答。如今的社会，人与人的关系常常被一些世俗的东西所羁绊，人与人之间不仅需要相爱，还需要相互理解，通过相互理解拉近彼此心灵的距离，以此达到相融相通、和谐相处的目的。儒家的仁爱思想还要求人们“己所不欲，勿施于人”，自己不喜欢的东西切勿硬推给他人，这样很容易破坏与他人的关系。“己欲立而立人，己欲达而达人”，即“赠人玫瑰，手有余香”，在与人相处的时候要心胸宽阔、宽恕待人。除此之外，还要抛弃一切以个人利益为中心的思想。

②在人与社会的关系方面。人并不独立于社会之外，而是人群这个庞大群体中的一员，更是社会中的一分子。人离不开社会，社会也离不开人。《论语·颜渊》载：“四海之内，皆兄弟也。”这句话告诫当今社会的人们，不仅要对自己

的亲友仁爱，更要对社会的每一个成员都仁爱。《孟子·梁惠王上》载：“老吾老，以及人之老；幼吾幼，以及人之幼。”尊老爱幼是中华民族的传统美德，更是每个人的社会责任。我们不仅要对自家的老人、小孩施以仁爱，更应该对社会中的每一位老人、小孩都施以仁爱。仁爱思想在当代也被注入了新的内容，例如，集体主义思想，它是仁爱思想在当代的又一诠释。

③在人与自然的关系方面。儒家的仁爱思想不仅提倡爱人，同时也包含着爱物、爱自然的思想。《春秋繁露·仁义法》载：“质于爱民以下，至于鸟兽昆虫莫不爱，不爱，奚足谓仁！”这就是说，要做到仁爱，光爱人是不够的，还要爱鸟兽昆虫等，要爱大自然。新时代，我们所推进的生态文明建设是对儒家关于爱物、爱大自然等仁爱思想的新的诠释。

总之，“仁爱”思想是中国优秀传统文化的重要组成部分。培养高职院校大学生的“仁爱”思想，努力构建适于大学生学习成长的大环境，对于人才的培养有着至关重要的作用，应引起广大德育教育工作者的深入思考。通过对高职院校大学生进行“仁爱”教育，让大学生爱自己、爱亲人、爱他人、爱世间的万物。对他人的爱，是一种博爱，是对弱势群体的体恤，是对各行各业的人的感恩，是对领导的理解，是对大自然的感念。归根结底，“仁爱”的精髓是一种崇高的责任：对自己负责、对家庭负责、对社会负责。将“仁爱”思想融入高职院校德育教育的课程体系，能够更好地培养大学生的社会责任感，使其坚定理想信念，为中华民族的伟大复兴而奋斗。

（五）守孝道

孝道作为中国优秀传统文化之根，已传承了几千年。孝道文化在中国发展过程中的作用更是多方面的。儒家经典《孝经》的诞生，不仅标志着孝道、孝行、孝治理论系统化的形成，同时也开始将孝道思想从“仁孝”体系中逐步抽离，强调人们不仅要重孝道，而且不要忽视最重要的人道基础。“百善孝为先”，孝被看作“百行之先”“为仁之本”，它已经深深地根植于人们的思想中，被人们所接受。

孔子认为，人对父母应该敬养，主张对父母和长辈一定要非常恭敬，提出“色难”的观念。“今之孝者，是谓能养。至于犬马，皆能有养；不敬，何以别乎？”人类是高等动物，具有社会性，让父母吃饱穿暖、提供安全保障是孝最基本的要求；尊重父母，让他们精神上快乐是孝的根本。孔子认为，对父母只是提供物质上的保障而没有敬爱就如同饲养犬马。父母不仅养育子女，而且还倾注了所有的爱心，培养子女，爱护子女。因此，子女要懂得感恩。“滴水之恩当涌泉相报”，何况父母的爱深似大海。这是一个正直与善良的人应该做到的，也是儒学塑造人品格的一个方面。

从个体来讲，孝道是修身养性的基础。通过践行孝道，每个人的道德素养可以得到提高。否则，就会失去做人最起码的德行。在今天，倡导孝道并以此作为培育下一代道德修养的重要内容仍然有着重要的现实意义。从家庭来说，实行孝道可以使长幼有序，规范人伦秩序，促进家庭和睦。家庭是社会的细胞，家庭稳定则社会稳定，家庭不稳定则社会不稳定。故此，儒家非常重视家庭的作用，强调用孝道规范家庭。在新时代，强调子女尊敬和赡养父母具有同样重要的作用。

孝道的思想是修养最基础的方面，在社会中大力提倡孝道，是社会发展的要求，也是调节家庭伦理关系的要求，提倡孝道对社会的稳定和经济的发展能起到积极的作用。

通过对高职大学生进行孝道的教育，可以让大学生深刻理解孝道的基本含义，即对父母的孝道：“夫孝，德之本也，教之所由生也。”大学生的善行应建立在孝敬父母的前提之下，对父母的孝道是我们每一个人都应具备的品行。

通过对高职大学生进行孝道的教育，让大学生深刻理解对国家的孝道。先有国后有家，国家的利益高于一切，把国家的利益放在第一位是我们每个中国人应具有的操守。无论身在何处，都应想着为国争光，以国家利益为重，在国家利益和个人利益发生冲突的时候，首先要考虑国家的利益，不以一己私利而损害国家的利益，竭尽自己的所能去爱护国家，维护国家的尊严。在国家出现困难时，我们应该尽一个中国人的义务，为国家排忧解难，忠诚于自己的国家。

加强对高职大学生的孝道文化教育，可以树立大学生正确的人生观和价值观，能够使大学生更加理解父母的艰辛和国家发展的艰难，从而更加遵守孝道。孝道文化教育还可以帮助高职大学生养成良好的行为习惯，为大学生将来更好地融入社会以及报效祖国，做好充分的准备。

（六）明明德

中国优秀传统文化尤其是儒家文化，特别重视人的道德修养和道德境界的提升，这是成人之道，也是一个人成为君子和圣人之道，这个道就叫大学。《大学》里深刻说明了一个人成为君子和圣人之道，强调“大学之道，在明明德，在亲民，在止于至善”，这话包含《大学》的三大纲领，是不可分割的一个整体，也是我们做人和进行道德修炼的三种理想境界。

“大学之道，在明明德”，真正的大学问就是成人之道和做人之道，这是君子和圣贤的基本标准。做人之道的第一步是要弘扬光明本善的心性，通俗地说，就是要让人性善的那一部分像熊熊大火一样燃烧起来，充分发扬自己的天性。儒家学说的主流思想是承认“人性善”的观点的，所以说，做人之道的第一步就是要保存和发扬人性善的光明因子，沿着性善走下去。在人生的每一个考验中，我们都要坚守人性善的本性，让道德的力量来主持和统治我们的心灵。

“明明德”的道德追求，都落实到最后一句话上，即“止于至善”，就是要达到善的最高境界，这是“明明德”的最终目的。“性本善”，每个人都有善良的一面，这是人性中最原始、最纯净的一面，经过“明明德”使大学生达到善的最高境界，这正是高职德育的目的。

作为国家的栋梁，高职大学生应该努力学习，提高自己的道德修养，脚踏实地，做好分内之事，这是“明明德”题中应有之意。《中庸》载：“君子之道，辟如行远必自迩，辟如登高必自卑。”“明德”既“明”，则其所发的愿便被完满地接受，进而变成大学生的担当意识，大学生便会自觉地履行担当义务。

对现代高职院校而言，“明明德”是学校生命的本体，是思想道德遵循的目标，也是学校生命发展的逻辑起点，“明明德”意味着要明确高职院校的思想和学术特质，以培养大学生的综合素质为根本；对高职学生道德人格培养来说，“明明德”是要秉持提高人的内在修养和道德品质的核心价值理念。我们需要秉承“明德人道”的道德法则，重振“大学之道”，着重培养高职院校大学生高尚的道德修养和理想的人格品质。

（七）知感恩

感恩是一种为人处世的基本态度，是一个人在社会交往中对给予自己帮助的人的一种回馈心理，是高职大学生学习和生活中应有的智慧，大学生要学会感恩，要用感恩之心对待生活中的人和事，这样才会有一个积极的人生观，才会有一种健康的心态。

中国优秀传统文化中有很多有关感恩的词句。《三国志·吴志·骆统传》中提道：“飨赐之日，可人人别进，问其燥湿，加以密意，诱谕使言，察其志趣，令皆感恩戴义，怀欲报之心。”唐代陈润在《阙题》中写道：“丈夫不感恩，感恩宁有泪。心头感恩血，一滴染天地。”

学会感恩，要学会敬畏自然、珍视生命。中国优秀传统文化追求人与自然和谐共生，凸显出一种虚怀若谷的胸怀以及尊重自然、无愧天地的高度责任感和使命感。感恩自然，要求人们在观念上重视，在行动上有智慧，促使人们不断探索如何最大限度地发挥主观能动性与自然和谐共生。而感恩意识的缺失，则会出现为满足私欲而违背自然规律，打破人与自然平衡相处的现象。古人言“达则兼济天下”，正是强调个人对社会的反哺和责任。感恩教育的一个重要渠道和载体就是培养学生的社会责任感和历史使命感。一个没有责任感和不懂感恩的人，很难想象其会对社会有感恩之心，能对社会有大的贡献。

广大高职学生不仅要对父母存有感恩之心，还要学会尊师敬师，对老师怀有感恩之心。学会感恩，还要学会考虑他人的感受，同情和关爱他人。通过感恩教育让高职大学生懂得尊敬别人，帮助大学生勇于承担起自己的责任，牢记自己的使命，为天地立心，为生民立命。

四、中国优秀传统文化中的德育教育方法

德育方法，就是指教育者和受教育者在德育过程中，为了达成德育目标而展开的行之有效的方式和手段。在中国优秀传统文化的发展历程中，古代圣贤特别是以儒家为代表的思想家们，通过对道德教育与实践的研究，累积了丰富的德育经验，开创了很多行之有效、沿用至今的德育方法。

这些方法是高职院校德育建设的理论基础。德育的教育方法大致可分为两大类，即学生的自我教育和教育者对学生进行的教育。中国优秀传统文化中有关自我教育的方法有很多，如“克己”“自律”“反省内求”等；教育者进行教育的方法也有很多，如言传身教、因材施教、环境熏陶、实践锻炼等。这给高职德育教育提供了很好的借鉴。

中国优秀传统文化中的德育教育方法给我们的德育教育提供了宝贵的借鉴，这些都是中国优秀传统文化给我们留下的宝贵财富。

（一）言传身教法

从古至今，中国十分重视教育者对受教育者的示范作用。韩愈在《师说》中就曾对教师这一教育者的角色做出了明确的界定，“师者，所以传道受业解惑也”，意思是说，教师的职责，就是给学生讲授知识，教会其做人的道理。在此基础上，结合孔子所说的“其身正，不令而行；其身不正，虽令不从”的观点不难看出，教育者不仅仅是学生与知识之间的桥梁，更应该以自身的行为举止来为学生树立学习的榜样，在日常生活中潜移默化地给学生以正面引导。

我国经过四十多年的改革开放，社会生活发生了翻天覆地的变化，复杂多样

的社会思潮涌现，对高职院校德育工作者提出了全新的挑战。面对当代高职学生主体意识逐渐增强的特点，高职院校德育工作者除了通过传统的课堂教学向学生传授德育知识之外，更应该注重自身行为的示范作用，在平常的生活中以身作则，严格要求自己，以自身高尚的个人和良好的道德品质来感染学生，从而增强高职院校德育的实效性。

（二）因材施教法

还有我们所熟知的因材施教法，也是进行德育教育非常重要的一个方法。人与人在性格、能力、情感等方面存在巨大的差别，德育教育必须根据人的不同特点来因材施教，做到有的放矢，才能收到理想的效果。

在《论语·先进》中，记录了这样一则故事，孔子在回答两个个性完全相反的学生，即勇敢轻率的子路和谦逊犹豫的冉有所提出的相同的问题时，结合学生的个性特点，给出了两种截然相反的答案，体现了最早的因材施教的教育方法。这种方法对当今高职德育工作依然有重大的意义。

所谓因材施教，是要基于对受教育者的年龄、性格、兴趣和心理的分析才能够实施的教育方法，要充分结合每一个受教育者的特点，适时适当地给予受教育者引导。因材施教方法的重点在于对受教育者进行教育的同时，尊重受教育者的个性成长。当今高职学生的心理、价值观等各方面的发展还不够完善，这是当代大学生成长方面的普遍性。就大学生成长的特殊性而言，性格、年龄、成长环境等因素也在一定程度上影响着高职院校德育工作的效果。所以，要想充分发挥新时代高职院校德育工作的导向作用，就必须结合具体情况加以分析，制订出真正符合学生发展的教育内容。

（三）环境陶冶法

中国优秀传统文化非常重视环境对德育的影响。环境是德育教育非常重要的一个影响因素，教育过程中要充分利用环境教育来达到教育目的，如创造良好的社会氛围、和谐的家庭氛围，以及良好的校风、班风等。这也被称为陶冶教育法，这是古代教育家非常重视的一个教育方法，也是现在德育教育的一个重要方法。

《三字经》有云，“昔孟母，择邻处，子不学，断机杼”，这就为我们讲述了孟母为了给孩子营造一个良好的学习环境，煞费苦心，不惜多次搬迁的故事，这其中孟母所重视的就是环境的陶冶作用。《孔子家语》有这样的论述，“故日与善人居，如入芝兰之室，久而不闻其香，即与之化矣；与不善人居，如入鲍鱼之肆，久而不闻其臭，亦与之化矣。丹之所藏者赤，漆之所藏者黑。是以君子必慎其所处者焉”，生动形象地阐明了和品行高尚的人交往，就如同进入了兰香盈室的房间，时间久了，自己身上也会熏陶上兰花的香气。而与素质低劣的人为伍，就仿佛进入了贩鱼的店铺，久而久之也就闻不到咸鱼的臭味了，放朱砂的地方时间长了也会染上红色，而放漆的地方时间久了就会变黑，所以说君子要谨慎地选择自己所处的环境。

环境陶冶作用的古老智慧也启示我们要注重德育过程中的环境因素，高职院校德育工作的进行要借助学校、家庭和社会的多重作用，发挥环境的熏陶作用，为高职大学生的身心健康成长营造良好的环境。

（四）实践锻炼法

实践锻炼法，中国优秀传统文化在德育教育中不仅从文字的层面上让受教育主体来认识道德的重要性，还要让他们把这样的认识用于实践，做到个人行为符合道德要求。也就是说，一个人仅仅懂得应当怎样做人还远远不够，更重要的是身体力行。

关于实践和学习的密切关系，古代经典中有许多耳熟能详的名句，例如，陆游的“纸上得来终觉浅，绝知此事要躬行”深刻地强调了实践的重要性。

在高职院校的德育过程中，理论教学的内容依然占据着较大的比重，教学形式多以德育教育理论课的方式进行。结合中国优秀传统文化中重视实践的观点不难看出，课堂之外的实践也应得到足够的重视，这样才能确保理论与实践的有机结合，便于高职院校德育工作的有效开展，也能够充分锻炼当代大学生的实践能力。

因此，在高职院校德育建设过程中必须充分运用和发挥中国优秀传统文化的价值，将中国优秀传统文化的思想和内涵融入德育建设，既是大学生成长成才的必然需求，也是改进和创新高职院校德育建设的必然选择，更是适应时代和社会发展的必然趋势。

这些以儒家伦理方法为主要内容的德育方法，以其强大的生命力，历经岁月更迭，一直保持着鲜活的能量。在新的时代条件下，将这些古老的德育方法与新的社会要求结合起来，必将为现行的高职德育体系注入新鲜的血液。

五、中国优秀传统文化中的德育教育载体

德育的文化载体是指应用于德育过程中的各种文化产品，教育者充分利用各

种文化产品并将德育内容寓于文化建设之中，借此对人们进行教育，以达到提高人们的思想道德素质的目的。载体是连接中国优秀传统文化和德育之间的双向桥梁。中国优秀传统文化为开展德育活动提供了一个良好的载体和开阔的平台，从而更好地发挥文以载道、文以化人的重要作用。中国优秀传统文化源远流长、博大精深，为德育提供的载体自然是丰富多样的，诸如名胜古迹、文化书籍、传统节日和民间艺术等这些经过历史洗礼的中国优秀传统文化都无不承载着丰富的德育资源，至今仍是进行德育活动的重要载体。

第三节　中国优秀传统文化的德育价值

一、中国优秀传统文化德育价值的相关研究

（一）从宏观角度上阐述传统文化的德育价值

清华大学马克思主义学院吴潜涛教授指出，传统文化里有很多优秀的价值理念，具有构建青少年精神家园的重要价值。

黄志煊在《开采好传统文化这座德育“富矿”》一文中认为，中国优秀传统文化中蕴藏着破解现代德育难题的密码，是学校开展德育工作的“天然富矿”，并着重对传统文化中蕴含的德育方法价值进行了介绍。从传统文化的基本范畴和内涵入手，认为传统文化对德育的价值体现在道德原则、道德理想、道德氛围、道德情感四方面，把握好传统文化中这些德育精髓，将有利于激发学生去追求崇高的道德理想和人生价值信仰。

王德彬认为现代德育构建的基础在于文明，而文明的源头是中华民族优良的传统文化，传统文化中蕴含的丰富德育思想对于现代德育有着重要的导向价值。

王丹在《中国传统文化德育价值刍议》一文中结合当前德育发展的实际情况，分析了传统文化中以德为先、以人为本、生命化德、生态德育、知行相合、快乐德育、以德治国的理念，剖析了这些理念的德育作用和影响，并指出了传统文化对于提高青少年道德素养、增强我国文化综合实力所具有的重要价值。

樊泓池、吴文国、倪智超则着重从德育观、德育内容、德育过程三方面分析传统德育思想对青少年工作的借鉴意义，并指出要对传统文化的德育思想进行深

度挖掘，选取其中精华部分进行再利用。

近年来，习近平总书记对中华传统文化及其蕴含的德育思想做了多次讲话和论述，显示出对传统文化德育价值的肯定和号召，彭援援、蒲清平、孟小军在《习近平关于传统文化的德育思想论述及时代价值》一文中详细介绍了习近平关于传统文化德育价值的逻辑和习近平关于传统文化德育思想论述的逻辑体系，指出习近平关于传统文化德育思想的论述是对传统文化德育价值的充分肯定，同时也坚定了应对道德难题的文化自信。

（二）从微观视角阐述传统文化的德育价值

从微观视角入手，即研究某一具体的传统文化内容对德育的价值，或是传统文化对与德育相关的某种活动的意义。通过对这类研究成果梳理发现，学者较为关注的传统文化内容为儒家思想、佛道文化、历史典故、家训文化和传统节日，传统文化对践行社会主义核心价值观的作用也得到了不少学者的重视。

荆媛发表的《儒家“仁”“礼”思想在当代德育中的价值探析》一文中指出，儒家思想是中华传统文化中的主流思想，“仁”“礼”思想则是其中重要的德育内容，当代德育可以批判性地吸收“仁”“礼”思想中的精髓，这有助于学生树立积极向上的人生观，形成崇高的道德品质。

王长喜则认为历史典故是中华传统文化的智慧结晶和精神宝藏，应该引入学校的德育过程，这符合教育接受性规律，有助于学生养成良好的道德品行和人格素养，同时也有助于中华传统文化的传承和发扬。

刘欢欢、鲁杰在《传统家训文化的德育思想及其现代价值》一文中指出了家训文化的德育价值。他们认为，中国传统家训文化蕴含着丰富的德育思想内容和德育方法，对现代德育具有借鉴价值，并倡导应当在德育中贯彻以人为本的理念，加强学生的体验和实践。

李博豪则认为中国传统节日是传统文化的重要组成部分，其丰富的道德内涵是对青少年进行道德引导的有益资源，弘扬传统节日文化可以为德育提供更丰富的路径，从而增强德育的实效性。

清华大学吴潜涛教授多次明确指出，要践行社会主义核心价值观，弘扬传统文化是重要的抓手。

武汉大学中国优秀传统文化研究中心郭齐勇教授在《中国优秀传统文化是社会主义核心价值观的土壤与基础》一文中立足博大精深的中国优秀传统文化，指出传统美德是中华文化之精髓，强调要增强文化自信和价值观自信。

二、中国优秀传统文化蕴含的德育价值

中国优秀传统文化是以儒学为核心的价值观念、思维方式、伦理规范、理想人格、审美情绪等精神成果的总和，是中华民族几千年历史文化精神的沉积。中国优秀传统文化的现代德育价值主要表现在以下几个方面。

（一）中国优秀传统文化具有强大的德育功能

中国五千年的文明史沉淀积累下的文化的精髓，是我们民族伦理道德的重要文化资源，也铸就了中国人民的民族品格，是我们民族自强不息的不竭精神动力，促进了中华民族的发展壮大。因此，要加强高职院校德育建设，就要加倍重视中国优秀传统文化强大的德育功能，继承传统文化，发挥传统文化的德育功能。

中国优秀传统文化非常重视个人道德品质的提高与完善，强调对个人的思想和行为进行自律，高职院校德育工作的主要目的是帮助学生提升道德水平和自身修养，帮助学生按照社会道德原则为人处世。“天下兴亡，匹夫有责”是中国优秀传统文化的重要思想，这种以天下为己任的爱国主义精神几千年来支撑着中华民族的繁荣发展。此外，“为天地立心”的责任意识，“为生民立命”的无私奉献精神，“天行健，君子以自强不息”的积极进取精神，“俭以养德，淡泊明志”的艰苦奋斗精神，以及“立木取信”“一诺千金”的诚实守信优秀品质都是高职院校德育工作要实现的教育效果。可见，中国优秀传统文化的内在价值与高职院校德育的功能目标是一致的。

1. 德育教育影响的强化作用

从整体来看，高职德育教育对学生思想道德修养的形成有直接的影响。这种影响主要由学校促成的积极健康的德育环境，教育者有目的、有计划、有组织地施加影响，以及学生相对稳定的求知态度构成。在这个有机的整体中，德育环境为品质形成提供空间与情境；教育者占主导地位，为品质的形成与发展提供可能与指向；受教育者是品质形成的主体，只有受教育者的道德品质得到提升，才实现了整体良性的发展，并螺旋式向上发展。在此基础上挖掘中国优秀传统文化资源将实现整个德育过程效果最大化。

2. 德育教学生活化的落实

教学本身是一门来源于生活又高于生活的艺术。陶行知说：“教育只有通过生活才能产生作用并真正成为教育。”以真、善、美为主题的高职德育要求课堂

能够富有生活气息，展现真实的社会风采，其创设的教学情境具有真实性，这样才最符合德育教育的基本原则和内在要求。

中国优秀传统文化是中华民族在长期的生活和社会实践中传承和发展的宝贵经验，与人民的生活息息相关，将中国优秀传统文化作为德育资源运用到教学中会促进德育教学生活化的落实。

因此，中国优秀传统文化资源具有推动德育教学生活化落实的作用，使学生更容易在情感上不断内化、感悟，有利于增强学生道德情感，内化良好生活习惯和个性品质；从教学的过程和方法来看，利用学生已有的生活经验促成教学活动顺利展开，有利于学生积极参与教学活动，提高社会实践能力；从内容上来看，贴近生活的教学内容使学生易于理解知识，并在实现德育目标的同时也促进了师生关系的和谐。

3. 德育教育资源的构建

在德育资源构建中，按照德育资源的属性来划分主要包括：①思想性德育资源，主要指德育内容中蕴含的思想、观点、理念、见解、价值观的总和。中国优秀传统文化中的社会、文化、伦理等精神层面的思想内容对于德育教学具有重要的作用，发掘中国优秀传统文化中的思想性德育资源，既能体现德育教育性质的要求，也能体现德育目标的要求，丰富了德育资源。②实物性德育资源，主要包括自然资源、社会资源、教育资源。自然资源主要包括自然景观、环境等；社会资源是人类生产生活中创造出来的物质文化成果，这在很大程度上就涵盖了优秀传统文化中的物质遗产，如建筑、工艺等；教育资源指为教学活动专门制作的工具，如图片、模型等。因此，中国优秀传统文化物质遗产作为丰富的实物性德育资源题材，不仅可以运用在课堂教学的展示中，也为德育活动提供广阔的空间和场所，使学生在观察、参观、体验和动手操作中产生持久深远的情感体验。③活动性德育资源，主要指向较为广泛，包括班级活动、社团活动、文艺演出、社会调查和社会实践活动等，如开展“最美孝心少年”活动。这种德育资源打破传统的授课模式，使学生在特定的情境中，在探究活动和社会活动中获取知识并提高素养。

中国优秀传统文化作为德育资源具有强大的张力，不仅为高职德育资源的构建增添了素材，也丰富了其构成内涵，对实现德育功能发挥着重要的价值。

（二）中国优秀传统文化是德育的重要精神资源

随着中国经济的快速发展，人们的物质需求基本得到了满足，精神文化资源却严重不足。面对现代化带来的这一消极效应，我们要不断吸收传统文化精华，丰富和创新21世纪的现代德育文化。

中国优秀传统文化是道德生活智慧的结晶，是可利用的德育思想资源。个体道德的发展应该建立在深厚的德育文化资源之上。因此，利用一切可利用的德育资源，在切合中国实际的现代化背景下对其加以创造性改造和发挥，逐步培育出合适的中国社会德育资源，这便是中国传统德育功能的现代价值所在。在为现代化建设提供合理的价值指导方面，中国优秀传统文化价值体系蕴含着多方面的资源，这是维系我们民族道德观念和价值观念的根基。

我们现在提倡的热爱祖国、集体主义、尊师重教、团结友爱、尊老爱幼、严谨礼貌、诚实守信、严己宽人、先人后己、勤学不倦等道德标准，都可以从我国浩如烟海的思想宝库中找到渊源。开发利用好这一资源，对于彰显我们德育教育的特色具有根本性意义。

（三）中国优秀传统文化是德育立足于本土文化的关键

学校德育工作是全社会思想道德建设的基石，做好青少年学生的思想道德教育，提升他们的素质修养，关乎祖国的未来和希望，关乎国家的前途和命运。随着经济全球化进程的加快，学校德育出现了一些新的情况，需面临一些新问题，因此，要解决这一系列的问题，不能依靠单纯空洞的说教，因为无法从根本上解决思想上的痼疾。

在经济全球化的背景下，若想把中国建设成经济强国、文明之邦，让中国骄傲地屹立在世界民族之林，就必须继承和发扬我们优秀的民族传统文化，复兴中国文化，吸收传统文化精华，凸显中国德育的“民族化”特点。我们不仅要注重对传统文化的继承和创新，还要重视对传统文化现实价值的开发。

第三章 中国优秀传统文化视域下高职德育的现状

近年来，高等职业教育的改革势头强劲，培养综合素质高、专业技术强的应用型人才成为高等职业教育的新目标和新方向，因此，高职德育工作一时引起了社会的广泛关注。将中华优秀传统文化融入高职德育工作，探讨高职德育的发展现状，着力提升学生的品德修养与职业素养，对推动高等职业教育的教学改革，培养高素质技能型人才具有重要意义。本章分为高职德育的现状和中国优秀传统文化融入高职德育存在的问题两部分。主要包括高职德育取得的成绩、高职德育存在的问题、高职德育存在问题的原因、高职德育存在的机遇与挑战等内容。

第一节 高职德育的现状

一、高职德育取得的成绩

近年来，高职德育理论工作者和实践工作者，针对高职德育问题开展了多层面的研究，在创新高职德育理论，建构高职德育目标、内容、模式等方面取得了一系列的成果。但是由于绝大多数高职院校是从中专学校或职业大学升格改制而来，与普通本科院校相比，缺乏文化的积淀和文化氛围，有形德育资源和无形德育资源都相对匮乏，教职工的总体素质存在差距，特别是德育队伍差距较大。

许多高职院校没有建立起专职的德育工作队伍，大部分教师也不愿专职从事德育工作，即使从事专职德育工作的人员绝大部分也缺乏相关专业背景，对德育工作的理论缺乏了解研究，对德育工作实践也缺乏理论思考和理论升华的思维习惯，德育工作的形式除了政治课的正常授课外，就是对学生进行谈话，德育工作难以形成针对性、指导性、系统性和完整性，德育的有效性自然就会受到影响。尽管如此，我国高等职业院校还是在以下三个方面取得了显著的成绩。

（一）基本确立了德育总体目标

高职院校根据中共中央、国务院下发的《中共中央关于进一步加强和改进学校德育工作的若干意见》，明确了学校德育工作的目标。各类高职院校开展思想道德教育的主要目标就是培养和提高学生的政治素质、思想素质、道德素质，引导和帮助学生树立科学的世界观、人生观和价值观，培养出高品质、高技能性的社会主义现代化建设人才，扭转高职院校学生的社会形象，使高职院校成为各类企业和社会单位技能型人才的摇篮。

（二）初步形成了德育工作的机构体系

高职院校在院校党委的领导下，成立了院校级领导带头参与，各级学院积极组织的德育工作机构，形成了包括院校领导小组、相应的德育教育部门、专业的思想道德教育师资队伍等在内的多层次的德育工作体系。各级院校德育机构中的各个部门各负其责、各司其职，发挥着各自应有的作用，稳步推进高职院校的德育工作。

（三）广泛开展了积极有效的德育活动

高职院校通过开展与专业有关的各种社会实践活动和丰富多彩的寓教于乐的文化活动，形成了具有一定自身特色的教育形式。与普通高校的德育工作相比，高职院校的德育工作在方法上和途径上更具有开放性。随着产学合作教学模式的推进，高职学生到企事业单位生产一线的实习时间比普通高校学生实习时间长得多，教师把有关的课堂内容搬到工厂里来讲授，十分注重理论联系实际，教材与现实生活相结合，探索出了独特的教育模式。

二、高职德育存在的问题

（一）高职德育缺乏特色

我国高等职业教育培养目标、学生素质决定了高职院校的德育在内容、方式等方面都应不同于普通高校，应有自身的特色。目前，高职德育模式基本上是沿袭普通高校的德育模式，如在德育教学内容方面基本和普通高校相似，而与高职学生密切相关的职业道德课、就业指导课、心理健康教育等课程则要么没有开设，要么即使开了也是随意性大、教学内容陈旧、跟不上时代前进的步伐。德育方式不重视校外教育，轻视社会实践，德育工作脱离学生生活，不能做到知、情、意、行的有效结合。这种德育模式使得德育工作变成空洞的说教，苍白无力，在广大高职学生面前难以发挥应有的作用。

（二）高职德育内容滞后

当前的高职院校的德育主要是对学生进行思想政治方面的教育，真正针对德育的内容比较少，导致德育教育跟不上社会的发展，无法与社会发展相适应。就拿诚信教育来说，社会越来越注重对诚信方面的要求，但是很多学校没有专门针对诚信教育的教学内容，有的最多也只是平时的一些主题班会或者考试前的诚信签名活动，这无法满足学生对德育教育的需求，造成学生对诚信的理解不够。学校在对学生失信行为的处理上也大多以教育为主，除非是特别严重的失信行为才会进行处分，这就导致学生认为诚信教育对他们而言无关痛痒，从而导致诚信缺失的问题出现。

（三）高职德育教育模式陈旧

当前的高职德育教育，一方面只注重理论教育，传统的德育教育往往是以一种居高临下的态度向学生讲述何为对、何为错；什么是有道德的，什么是不道德的；哪些是该做的，哪些是不该做的。这种占据道德制高点的教育，严重忽视了学生的主体地位，存在师生交流以及沟通不足的问题，很难引起学生的共鸣，更难让学生认可。另一方面，这种简单的灌输所采取的方式多陈旧呆板，更多是照本宣科式的讲述，而对社会现实的分析和联系相对比较欠缺，教学模式以及方式也比较单一，教学过程枯燥无味，学生也只是注重获取学分，而不能提升学生的道德学习积极性以及主动性。

（四）高职德育制度建设跟不上

制度是一切事情能够顺利进行的重要保障。没有制度作为保障，任何工作都不能顺利开展。目前，高职院校几乎没有专门针对德育教育方面的制度，我们翻开《学生手册》《辅导员工作职责》《班主任工作职责》等文件后发现，在这些文件中涉及德育的内容少之又少，《学生手册》里面主要注重的是对学生的奖励和处分，关于德育的要求最多的表述是热爱中国共产党、热爱祖国、志存高远、坚定信念等语言表述，辅导员和班主任工作职责中也是类似的说法。这些文件中并没有明确提出在德育方面学生应该怎样做、教师应该怎样做，也没有一个明确的标准去衡量德育工作完成的好坏。一个人的品德素质本来就没有非常明确的判断标准，但是学校的德育作为一项工作应该有一个衡量的尺度，遗憾的是，这并没有成为高职院校德育工作重点关注的部分。

（五）高职德育实效性有待提高

如今，高职院校的德育工作越来越引起社会各界的广泛重视。随着经济的快速发展，人们发现构建一个有道德、有秩序的社会对于综合国力的增强和国家人才的培养是十分必要的。特别是对未来社会主义建设者培养主阵地的高职院校来说，德育工作也面临着新发展和新时代提出的新考验。

通过对当前高职德育工作的深入分析，可以看出现阶段高职德育工作在努力适应新时代的特点、要求的同时，依然存在一些不可回避的问题。

第一，高职德育的途径还是以思想政治理论课程的讲授为主，虽然增加了借助学校屏幕宣传、学校微信公众号宣传等形式，但是这些形式还未能得到系统的应用。在德育的教学过程中，特别是担任重要角色的思想政治理论课的课堂上，虽然借助了幻灯片、视频放映等新的多媒体手段，但是教师所讲授的思想政治理论与学生的实际生活联系得不是很紧密，使德育工作的效果不尽如人意。

第二，社会在快速发展的同时，也带来了多种多样的社会思潮，这些多样的社会思潮凭借微信、微博、腾讯 QQ 等工具迅速传播，使得学生虽然人在校园，却可以获取来自世界各地的最新资讯。这就给高职德育课程的教材设置提出了巨大的挑战，如果继续沿用以往传统的教材，往往不能面对当今时代发生的新事件对学生进行及时的指导，很容易使学生在事件的鉴别上出现偏差，进而导致价值取向的错误。

（六）高职德育教育队伍力量薄弱

高职德育教育队伍力量薄弱，学校里的德育教育任务几乎都集中在班主任、辅导员和公共课教师身上，几乎没有专门的德育教师。由于工作的特殊性，许多班主任也都是由专职教师兼任，专职教师本来就要身兼数职，要完成教学任务，还要完成科研任务，繁重的工作任务使他们对班主任工作力不从心，况且班主任工作也不仅仅包括对学生进行德育教育，他们能花在对学生进行德育教育上的时间也少得可怜。对辅导员来说，高校辅导员往往身兼数职，除了本职工作包含的学生日常管理、学生宿舍管理、学生资助、评优、就业、心理健康、学生党支部、学生团务工作等之外，像学籍、安全等只要跟学生相关的工作在很多高校也属于辅导员的工作范围，在如此巨大的工作量下，他们能花在针对学生德育工作中的时间少之又少。除了这两类人员之外，能够进行德育教育的教师基本就剩下专职教师了，但专职教师的教学和科研任务繁重，几乎没时间对学生进行德育教育，还有一些专职教师对德育教育的认识不够，他们认为对学生进行德育教育应该是辅导员的事情，与他们无关，他们的任务只是进行专业知识的传输，不愿意在课堂中对学生进行德育渗透。上述这些原因导致现在高职院校真正在做德育教育的人员极少，学生也不能很好地接受德育教育。

三、高职德育出现问题的原因

（一）高职德育领导体制不清晰

高职德育领导体制存在问题，主要体现在以下三个层级。

第一层，领导决策层。学校党委作为德育工作决策机构，还未做到因校制策，多是传达上级文件精神，德育工作领导小组制定阶段性的工作目标和任务难以契合实际。德育工作领导小组需要收集各部门的反馈意见或建议进行汇总整理，结合本校的工作实际制订更全面的德育实施计划。

第二层，指导督查层。按照党委统一部署，德育工作督查组应定期检查各职能部门是否贯彻落实决策，是否规范执行德育工作计划。而现实中，不少高职院校德育督查工作仅停留在表面上，没有起到督促检查、反馈上报的作用，同时也缺乏对学校德育工作过程的指导，无法将德育实施过程中出现的问题及时反馈给学校领导决策层。

第三层，具体执行层。它是德育工作最重要的环节。综观高职院校德育工作，大部分是由辅导员负责，辅导员自身学生事务繁杂，精力有限，执行效果受到影响。德育工作应全员参与，不同部门都应负起责任，遵循德育总体要求并发挥作用。

（二）高职德育管理机制不健全

高职院校德育工作高效运行离不开良好的管理机制，管理机制不健全是德育工作难以有效实施的重要原因，主要体现在以下三方面。

第一，职责不明确，分工未落实。德育工作是渗透到学校各项工作中的，没有明确德育工作具体执行部门，相关部门就无法了解自己德育工作的职责。德育工作没有制定相应的目标责任制度，缺少全过程、全方位、全员化育人的工作格局。

第二，工作制度不规范，缺乏量化考核。高职院校德育工作大多是沿用中职学校的德育标准，没有制定相应的工作制度，难以保证德育工作的有序开展。同时，缺乏具体量化指标来衡量德育的实施效果，使得德育考核停留在宽泛的形式上。

第三，奖惩不够突出，难以激发动力。高职院校对德育优秀工作者缺少奖励，对取得德育成效的德育工作者奖赏力度不大，不能调动德育工作者的积极性，还未充分地将德育考核结果与德育工作者的利益挂钩，难以做到公开公平、奖优罚劣。

（三）高职德育工作考评不完善

德育的考核是对德育工作的总体评价，也是实行激励措施的主要依据，它对德育工作具有导向作用。因此，考评工作要全方位、可量化、可操作，不能只简单考核工作效果。它可以从德育地位、德育队伍、德育过程、德育效果四方面来进行。

第一，德育地位，即考核德育工作是否摆在学校管理工作的重要地位。当前高职院校成立专门德育工作领导小组的并不多，多数德育工作领导小组是挂在学生处或党工部名下；学校德育工作专项经费不足是普遍问题，德育科研经费和奖励经费支持力度不大；校园学生公寓活动室、文体活动中心等德育场所稀少。

第二，德育队伍，即考核德育队伍的专兼职（专职辅导员、思政教师、心理咨询师、班主任、宿舍生活导师、企业德育导师）配备数量、队伍学历和职称水平、学科背景是否符合工作要求，老中青年龄梯队结构是否合理性，是否成立德育理论研究组织并积极开展德育学术研讨，是否建设培养学生党团组织和学生骨干队伍等。

第三，德育过程。主要考核学校实施德育的措施和途径，包括发挥思政理论课主渠道教育作用情况、课堂教学生动形象的情况、运用多媒体教学情况、运用现代化网络工具育人情况、网络开辟德育工作阵地情况、德育工作走进公寓走进社团情况、德育主题活动开展情况、学生党员先锋模范作用和学生骨干争先创优情况、校企德育实践基地的共建情况、德育创新情况等。

第四，德育效果，主要考核校风、教风、学风。包括学校是否秩序井然，校园师生是否有凝聚力和荣誉感，学校是否被评为精神文明建设单位，是否涌现出一批优秀教师和师德楷模，是否能教书育人、为人师表，是否培养出一批先进班集体和优秀学生，以及德育创新效果、特色体现、学术科研成果情况，毕业生、学生家长及用人单位对学校德育的满意度评价情况等。

（四）高职德育工作激励力度不够

高职德育工作激励机制是指德育管理者按照人的不同需求，运用一定的方法和手段激发德育工作者向上进取的过程。高职德育工作中存在主动性不强、实效性不高的问题，从激励角度看，原因主要有以下四个方面。

1. 物质激励难兑现

物质激励即外在激励，通过物质的方式让受激励者个人和家庭生活的基本需求得到满足，其目的是满足人们日益增长的物质文化生活需要。负责高职学生德育教育的专职辅导员，站在与学生接触的一线，工作内容繁杂，责任重大，高职院校没有制定相应的激励措施，难以激发其工作热情，造成不少优秀德育工作者转岗、流失的现象。因此，学校要坚持多劳多得、优劳优得的分配原则，在工资、绩效奖金、津贴补贴等方面适当向一线的德育工作者倾斜，肯定他们的辛劳付出，保障德育工作者所得。

2. 精神激励不突出

精神激励即内在激励，它是一种无形力量，可以让人产生奋发向上、情绪高昂的动力。学校每年评选出的优秀辅导员、班主任、先进德育工作者比例偏低，缺少对优秀德育工作者的公开表彰、大力宣传。德育工作者长期处于紧张工作状态下，缺乏动态有效的精神激励，工作常出现倦怠情绪。同时，也要平衡好物质激励与精神激励的关系，以精神激励为主，物质激励为辅，反对片面化。

3. 竞争激励较缺乏

竞争激励是指在德育工作中，运用制度将竞争机制引入，促使德育工作者之间相互竞赛。高职院校对辅导员职业技能类竞赛重视不够，缺少参与者之间的比、学、赶、超，与先进对照，寻找自身差距的职业技能比赛，缺乏积极进取的竞争氛围。因此，学校可以经常开展技能竞赛，以赛促学、切磋技艺，交流经验、取长补短。比赛中坚持公开、公平、公正原则，保证竞争规范有序进行。

4. 自我激励比较弱

自我激励即个人不需要外界的激励和惩罚，能自己主动为设定目标努力工作的一种激励方式。自我激励重在激发和引导德育工作者的积极性和创造性。高职院校一般成立时间较短，学校德育名师不多，但可以通过邀请校外知名德育导师讲述个人工作经验，分享德育优秀案例，让德育工作者体验到事业成功的价值，引导他们克服困难，坚定心中的信念理想。

（五）高职德育工作创新不足

1. 德育观念守旧

由于缺乏现代德育思想的指导，高职德育还是停留在过去单一的思想政治教育，认为德育只是思政教育工作者的事，与学生无关；学生德育脱离素质教育，不能很好地把德育融入智育、体育、美育中；德育工作缺乏耐心细致、循序渐进的引导过程。

2. 德育手段简单

传统的高职德育工作常用课堂灌输的方式进行，较少情感沟通。德育过程很少运用微媒体（微信、微博）、现代网络技术和校园特色文化。网络德育在方便了德育工作的同时，也应具有情感关怀，德育工作者要注重通过“晓之以理、动之以情、导之以行”的方式开展网络德育活动。

3. 德育形式呆板

高职德育工作中很少利用角色扮演、情境带入等形式。比如，在学习尊敬师长中，可以让学生扮演教师角色，体验为人师表的感受；在引导孝敬父母时，可以组织学生“给父母洗一次脚”活动，以此来激发他们心中的孝敬之情。高职德育工作缺少榜样示范、生动案例、社会实践、名家讲坛等寓教于乐的灵活形式。

4. 理论与实际脱节

高职院校课堂中，不少教师只管自己教书，对学生课堂违纪行为置之不理，这也会造成德育效果大打折扣。在校园中发现学生违纪违规的现象，有的教师只是进行严厉的批评训斥，没有分析原因，让学生自我反省，学生虽是口服，但心不服，这种德育方式不能有效引导学生改变不良行为。

四、高职德育面临的机遇与挑战

（一）高职德育面临的机遇

网络迅速发展的现代，逐渐打破了高职院校教育的垄断模式，也逐渐打破了教师的知识垄断，网络不仅营造了高职院校教育的新的社会环境，而且创造了新的受教育主体。新媒体是新时代的产物，是高职大学生较喜欢的一种新技术，新媒体的出现为教育者提供了一个开展教育的机遇。新媒体出现后，高职院校通过网络、手机电视、移动电视等媒体开展德育工作，新媒体以其方便、灵活、生动的优势赢得了大学生的喜爱，激发了大学生学习的激情，因此，新媒体的出现为高职德育提供了机遇。

1. 高职德育平台更加广阔

一定程度上，高职德育工作就是获取信息、选择信息、传播信息的过程，高校德育的基础就是获取信息。新媒体是利用数字技术、移动通信网络和计算机网络形成的网络体系的媒体形态，其优势有信息容量较大、资源较丰富、传输速度快、覆盖面较广、形式多样等，能够丰富高职德育的教学资源和渠道。“传统思想政治教育由于受各种条件限制，搜集的信息有限，只能从报纸、杂志、书本及亲身经历中寻找素材，内容滞后，缺乏说服力，难以达到预期的效果。”继报纸、广播、电视等媒体之后出现的新媒体，能够及时、大量、交互的将信息传播出去，信息传播的时效性较强，可以连续报道，广泛收集相关的信息，提供较多的信息形态，具有其他媒体所没有的优势，与其他传播技术和工具相比，取得了突破性的进步。新媒体在使用时具有不受制度、体制和其他烦琐程序制约的优势，能够大量、正确的传播信息、理论与政策，能够从根本上改善教育方式和手段、工作场合、对象和信息获取以及传播方式，为高职德育工作提供了广阔的理论与实践平台。高职德育工作者借助新媒体资源，吸收一切人类文明的成果，在此基础上进行借鉴和创新。

2. 高职德育工作实效性的提高

提高高职德育工作实效性的前提条件是有针对性地开展德育工作。高职德育工作者必须了解大学生，熟悉他们的思想和心理特点，根据大学生自身的特点开展德育工作。新媒体具有虚拟性，利用新媒体可以给大学生营造一个虚拟的世界，由此改变了大学生原有的交往方式。在人际交往中，他们可以拒绝提供个人的重要信息，如性别、年龄、相貌、职业等。新媒体在人际交往中，缩短了人际交往的心理年龄差距，减少了大学生的心理防备，为高职德育工作者展开德育工作提供了便利。

通过新媒体，高职德育工作者和学生的交往是通过符号进行的，双方均不知道交流对象的身份，可以很好地保护使用者的隐私。在这种受保护的平台上，大学生可以毫无顾忌地将自己内心的想法倾诉出来，实现大学生的心理倾诉。另外，新媒体可以为高职大学生和外界搭建一个更好的桥梁，通过新媒体将自己遇到的困难说出来，从而得到更多人的帮助。

3. 高职德育教育资源的丰富

新媒体的先进技术丰富了高职德育的教育资源。新媒体时代是全球信息资源共享的时代，高职德育工作者可以借助新媒体的便捷性、交互性收集来自不同国家、不同地区、不同文化背景的德育资源，实现全球德育资源的共享。另外，新媒体信息的更新速度较快，德育工作者可以更快地获得最新的教育资料。新媒体信息传播速度较快，可以使高职德育工作者在最短的时间内完成德育内容的收集以及筛选。借助新媒体，德育工作者可选择时代性较强的德育内容，提高大学生德育教育的工作效果，体现时代的要求。

4. 高职大学生德育教育时空的拓展

传统高职德育主要是以课堂教学为主，辅以班会、讨论、实践活动等手段，展开高职德育工作，此模式下，“教育者是高高在上的理论传授者、思想布道者，而受教育者成为被灌输的容器，教育效果不容乐观”。而“通过校园新媒体，师生之间、学生之间可以传递、复制信息实现资源共享”，增加了大学生德育工作的渠道，德育工作方式也更加多样，时空能够充分拓展。

以前高职德育工作主要在课堂上进行，很少在课下进行，但是新媒体出现以后，大学生德育教育的方式有所改变。手机微信、网络论坛等新媒体以其灵活的形式，逐渐成为一种崭新的高职德育教学载体，显示出其独特的优势。新媒体能够方便、快捷地发布个性化的信息，能够在最短的时间内通过文字、语言、图片等方式，将教育内容快速地传授给受教育者，使德育工作能够顺利进行。新媒体出现后，大学生没有必要通过传统的方式在规定的时间接受教育，可以通过手机电视、网络等新媒体形式，在任何地方、任何时间接受所需要的德育教育，从而使传统德育教育的弊端得以改善。

高职德育工作通过开展在线讲座的方式使所有的学生都可以观看、学习，同时还可以在网上展开有关大学生德育的活动，鼓励大学生积极参加到活动中去，发挥网络的德育功能，满足大学生的思想需求，更好地开发大学生德育的资源。因此，这些新媒体的出现为大学生的德育工作带来了巨大深远的影响，高职院校应该积极利用这些新资源，最大限度地发挥新资源的作用。

5. 高职大学生德育教育吸引力的增强

过去高职大学生的德育教育工作主要是通过向大学生灌输理论工作，但是由于其枯燥乏味导致德育教育工作效果并不理想，而新媒体的使用使得大学生德育教育工作变得更加有吸引力。新媒体是一种有较大感染力的信息传播工具，利用新技术可以快速、便捷地与外界进行思想交流，改变传统的单向信息交流方式，进入双向甚至多向的信息交流方式，极大地调动了大学生学习的积极性和主动性，改传统的知识灌输的形式为现在自由提高的形式。

通过有意识地使用新媒体，可以使大学生的德育教育变得更加的生动、有趣。新媒体的使用，使得我们可以利用的资源越来越多，因此，大学生的德育教育工作应该充分利用新媒体这一资源，高职院校应该充分利用新媒体来达到大学生的德育教育的目标，以此提高德育教育的感染力和吸引力，提高大学生学习的积极性，提高大学生的思想政治素质以及能力，提高大学生的道德素养。

（二）高职德育面临的挑战

网络时代背景下，高职大学生的日常生活中充斥着由网络所催生的各种类型的新媒体。新媒体的出现，一方面给学生带来了积极的作用，另一方面又给学生带来了种种不利影响。怎样运用各种新媒体取决于他们自己的选择。由新媒体所带来的信息资源广泛而繁杂，这其中不但有积极健康的内容，同时也有消极、颓废以及错误的信息，这些不良信息对高职学生正确价值观的形成产生了一些负面的影响。

1. 高职德育教育主体地位的缺失

（1）教育者主体地位的丧失

在传统的高职德育教育过程中，教育者处于一种具有信息优势和经验优势的地位。因而在教育过程中，教育者能够比较容易地树立权威，也能够比较容易地获取受教育者的尊重和信任。在德育建设过程中，教育者能够表现出更为明显的主体地位以及主导作用，德育工作也更容易通过教育者的设计以及引导有效开展。

然而，各种新媒体的运用为教育者和受教育者提供了丰富的教学资源和素材，教育者所具备的信息优势以及技术优势变得不再那么明显，网络的普遍适用性使得学生能够获取更多的学习资源和信息，从而使教育者与被教育者之间的身份界限变得越来越淡化，教育者的主体地位变得不再那么稳固。

（2）学习者主体地位的缺失

新媒体时代的到来，教育者逐渐丧失主体地位，此时受教育者的主体地位应当逐渐建立和巩固，实际情况却不然。部分学习者作为受教育者的主体地位并没有构建起来，而是表现出一种“主体”缺失的现象。这主要表现在以下三个方面。

①主体的符号化。在网络环境中人们已经不再习惯将姓名、职业或年龄等来作为自己的特征，而是倾向于用一个昵称、虚拟头像或是一串数字符号来表示自己。这些在网络环境中被赋予特定信息的符号是与现实生活中的人一一对应的。

②人格特点的虚拟化。随着网络技术的不断发展，互联网所表现出的虚拟环境变得越来越真实，也更加具有吸引力。网络教育的学习者通常是借助符号化了的主体形式进行参与，这种参与相对于现实生活中所具有的鲜明的人格观念以及责任观念是放松的和自由的，这将导致传统的伦理道德在虚拟的网络环境中很难发挥出在现实社会中所应有的约束、引导以及规范的作用。

③责任的自我豁免。在互联网环境中进行偷窃以及欺诈行为的责任人或是发起者在一定程度上是与传统意义上的社会关系以及社会实践避免了接触的。在这样的背景下，这些行为人便可以随意地对他所接受的伦理规范进行解释，并以此为自己的行为辩护。

2. 高职德育工作者的媒体素养有待提升

对大学生来说，各种新生事物都能勾起其强烈的兴趣和好奇心，其也是最早开始接受以及运用新媒体的人群。与之相比，高职德育教育者由于受到传统教育模式的影响接受新媒体的意识淡薄，应用新媒体的知识技能水平相对较差。

此外，借助新媒体的传播，各种信息资源接踵而至，高职学生通过不同渠道及途径进行相关信息的了解和掌握，学生将不再拘泥于课堂德育教学。新媒体的出现使得学生可以在众多公众平台上发表自己的观点和看法，诸如电子论坛、微博以及贴吧等。这些都对高职德育工作者提出了更高的要求，特别是在新媒体形式及功能的了解和运用方面高职德育工作者需要不断提升自身媒介素养。高职德育工作者对新媒体技术掌握、了解以及运用的能力将直接决定德育工作实效性的高低。

3. 大学生容易出现人格障碍和认知偏差

新媒体自身具有虚拟性以及广延性，而以其为载体来进行传播的内容信息可能本身就是虚构的，在现实社会中是不存在的，对很多信息资源的上传者无法进行追踪和检查，这一定程度上拓展了人们行为活动的空间，但这种比较自由的空间也不可避免地会出现很多问题以及不良影响。大学阶段是学生的世界观、人生观、价值观从形成到成熟的关键时期，这一阶段的学生具有较大的可塑性，新媒体环境所具备的特点会导致他们的迷茫和无助，使他们很难分辨真假、虚拟及现实，容易给他们在心理上造成一定的阴影，这将会对他们的成长和成熟带来极为不利的影响。部分大学生对网络的虚拟性存在曲解，往往将虚拟性与虚幻性等同，因此，学生对网络空间给予高于现实的重视和关注，忽视了现实世界中真实存在的一系列伦理道德规范，最终导致网络道德的缺失。同时，大学生往往对新鲜事物存在很强的好奇心，比较喜欢对新事物进行关注，热衷于对新体验进行尝试，又欠缺自我约束能力，所以网络可能会推动他们陷入无拘无束的虚幻世界之中，使他们迷失自我，对现实世界产生极大的抵触和排斥，从而导致人格障碍和认知偏差的出现。

新媒体具有显著的虚拟性和互动性，诸如微信、微博等，在这些平台上，信息资源的传播者可以匿名发表某些看法和观点，这使得高职大学生在心理上自由放任，一旦踏足虚拟的界域，可能会沿着虚拟的道路越走越远。处于新媒体的虚拟领域内，部分大学生由于缺乏正确的媒体道德意识以及法制观念，对媒体规范和道德表现出漠视的态度；同时部分大学生的言行与在现实中的表现存在极大的不同，长期下去可能会导致大学生出现认知和行为上的偏差。

4. 信息纷繁复杂

新媒体信息的纷繁复杂，会导致大学生信息筛选难度的增加。

大学生思想道德素质的形成往往受到多种因素的影响，因此，只有营造一个良好的教育环境才能帮助学生养成良好的品德素质，但是由于部分大学生缺乏明辨是非的能力，面对不良信息时如果经不住诱惑而导致泥足深陷，这对他们德育水平的提高是极为不利的。在这种情况下，要求所有从事大学生德育教育的工作者能够充分发挥自身的教育作用，积极地引导大学生健康成长，提升他们的综合素质和能力，让他们能够对信息进行正确的甄别和判断。

第二节 中国优秀传统文化融入高职德育存在的问题

一、相关学术研究层面存在的问题

近年来，中国优秀传统文化与德育教育研究是德育教育学科创新发展的方向之一。学界对这一方向的研究主要集中在二者的内在关系、中国古代德育教育史、中国优秀传统文化与社会主义核心价值体系等方面。

从总体上看，学术界在相关方面的学术研究，使得中国优秀传统文化与德育教育研究逐步趋向成熟化、学理化，同时，也有力地推动了德育教育理论的深化。但不可否认的是，当前的研究中也存在一些亟待解决的问题。

（一）研究意识与创新性不足

关于中国优秀传统文化与德育教育研究，学界在二者的内在关系、中国古代德育教育史、中国优秀传统文化与社会主义核心价值体系等内容方面，已经取得一些研究成果。但是，学界在研究意识上还未能给予高度重视。到目前为止，关于这一研究方向的研究内容，学界还没有进行过专门的讨论，没有达成明确的共识。根据对相关研究者研究成果的分析，大部分研究者仅有一篇相关研究的论文，没有后续研究成果，这说明，研究者对这一方向缺乏持续性和深入性的研究，研究意识淡薄。

另外，学界在相关方向的研究中存在选题单一、内容重复等问题。相关方向的研究大多侧重简单的操作性层面的问题，忽视从理论深度上思考关于中国优秀传统文化与德育教育相融合的学理依据及逻辑内涵等方面的问题。而且不少研究者视域狭隘，大多延续了德育教育的传统内容，从政治学和教育学视角展开，侧重研究中国优秀传统文化中的思想教育等内容，没有突破原有德育教育内容的理论框架，在中国优秀传统文化与德育教育的创新性方面，也有待进一步加强。

（二）研究广度与深度均有所欠缺

第一，研究基本上侧重于宏观性阐释，主要从中国优秀传统文化的宏观视野提炼出一些对德育教育具有启示性的德育教育资源，且提炼出来的德育教育资源大同小异，缺乏对这些资源提炼依据的进一步追本溯源。

第二，学界对中国优秀传统文化与德育教育二者内在关系的解读，基本上都是泛泛而论的比附性论证，泛论、空论、重复性论述所占比例偏大，选题空泛、内容雷同、观点相似，缺乏对两者相融合的学理化的系统阐述与深入探究。

第三，学界大多是在对中国优秀传统文化中的儒、释、道三种主流形态的综合中对中国优秀传统文化与德育教育展开相关研究。在不同流派与德育教育相融合的具体研究中，大多数研究者是从儒家思想或孔子、孟子等少数代表人物的思想中来挖掘相关的德育教育资源，而缺乏从道家、法家、墨家等不同流派思想，以及秦以后不同时代代表流派及其人物的思想中来挖掘相关资源。对不同流派对中国优秀传统文化的不同影响与作用以及其在当代德育教育中的运用原则等也缺乏深入的探析。

第四，虽然中国优秀传统文化中的德育教育资源非常丰富，但这些资源并不是一成不变的，它们随着时代与社会的发展也在不断发展变化，关于如何解释传统文化中的德育教育资源在历史发展中的流变问题，目前学界亦缺乏深入研究。

以上问题表明，目前学界在中国优秀传统文化与德育教育的研究中，虽然取得了一些研究成果，但是在研究广度和深度方面均有所欠缺，理论的“彻底性”没有得到充分展示。

（三）相关学科与人才建设有待加强

中国优秀传统文化与德育教育的研究方向，要求研究者在中国优秀传统文化和德育教育领域均有一定的学术功底。然而，根据对相关研究者学术背景的分析发现，中国优秀传统文化与德育教育的相关研究人员学科背景千差万别，专业知识结构单一，导致大多数研究者无法满足上述要求。他们在专业知识结构上，要么偏重德育教育理论，要么偏重中国优秀传统文化。在两者的交叉渗透方面往往只能泛泛而论，这也影响了他们学术研究成果的质量。

近年来，虽然这一研究方向日益受到重视，有一些高校已经开展了相关方向的教学与研究，如福建师范大学、江西师范大学、北京化工大学等，并有部分高校对其展开了更加专业和深入的研究，开设了相关方向的硕士与博士研究生教育，如海南大学、安徽农业大学、华北电力大学、首都师范大学、东南大学等，但范围还是很小，在学界的影响力仍然不够。

随着这一研究在学界的不断开展，目前已有若干相关的硕士论文和博士论文成果，并不断有新的研究力量加入，相关专著也在不断问世，但是，相关专著的数量仍然较少。通过对相关论文的检索发现，此类论文发表的学术期刊等级大部分较低，在中文社会科学引文索引（CSSCI）中，自 1998 年以来，题名包含“德育教育”、关键词包含“传统文化”的论文仅有60篇左右。此外，国家相关部门、教育机构对相关学科的建设与人才培养的政策支持与经费投入不足，对中国优秀传统文化与德育教育研究的课题资助也相对薄弱。

（四）学科立场的辨识度不足

中国优秀传统文化与德育教育研究关涉哲学、教育学、历史学，以及一级学科下的相关二级学科等多门学科领域，必然要借鉴这些学科领域中的理论成果。就中国优秀传统文化与德育教育研究现状而言，它与政治伦理以及中国古代思想史等的分界都不够明晰。一些学者意识到，应该在学科交叉中展现其独特的学科立场与话语体系。如学者张祥浩认为，在中国古代德育教育史的研究中，存在的难点有：第一，如何处理思想教育与广义上教育学的关系；第二，如何处理思想教育理论与思想史的关系。然而，究竟应该“如何展现”，这一学科分界问题依然没有得到妥善的解决。

二、中国优秀传统文化教育中存在的问题

（一）高职院校开展中国优秀传统文化教育存在的问题

1. 教育力量不足

高职院校开展中国优秀传统文化教育多是依托思想政治课和校园文化建设开展，并没有专业的传统文化师资。教育者和活动组织者对中国优秀传统文化的理解不够透彻，直接影响了教育效果。

2. 教育形式单一

在实际的中国优秀传统文化教育教学过程中，教师更多的是以灌输式的方式讲授教学内容，形式比较单一，使得高职大学生只能粗浅地了解传统文化知识，忽略了对其内涵的领悟，进而影响了教育效果。

3. 教育实践不够持续

开展中国优秀传统文化教育往往采取“一阵风”式的教育实践，未能形成合理有效的教育体系。

4. 教育内容不适应学生需求

高职大学生在不同的发展阶段，对文化有着不同的需求，而在开展中国优秀

传统文化教育时往往会忽略学生的实际需求，对教育内容进行“一锅烩”，从而导致学生不能很好地参与到教育过程中，影响教育效果。

（二）大学生自身存在的问题

1. 对中国优秀传统文化关注不够

现今高职大学生大多为 2000 年以后出生，其个性更为鲜明。随着信息化的飞速发展，这个年龄阶段的大学生较早地接触互联网，网络和移动终端设备成了其展示个性化、多元化发展和了解信息的重要渠道。他们对各种新鲜事物的关注，分散了他们对中国优秀传统文化的关注力。

2. 长期未接受过良好的中国优秀传统文化教育

随着经济的发展，异地务工的情况越来越普遍，同时也造就了一批特殊的高职大学生，即“留守儿童”成长起来的高职大学生。这部分学生因为在幼儿、儿童和少年时期，缺失中国优秀传统文化教育的一个重要环节，即家庭教育。同时，学生在进入高职院校前的学习阶段，大部分都是为了升学而学习，更难有机会系统地学习中国优秀传统文化知识。

3. 对中国优秀传统文化存在心理认知偏差

处于青春期的高职大学生由于心理发展和身体发育不平衡，身体发育完全但是心智发展还不够成熟，没有形成较稳定的人格特征。部分高职大学生未能很好地认知理想、价值观、人生观等，未能认清学习是学生的主要任务，未能了解中国优秀传统文化对专业学习的促进作用，忽视对中国优秀传统文化的学习，进而造成自身的认知偏差和身份危机。

三、高职德育教育层面存在的问题

（一）中国优秀传统文化在高职德育教育中缺失严重

中华文明历经五千余年的发展，积累了厚重的文化底蕴，形成了以爱国主义为核心，自强宽厚、群体至上的民族精神，以及崇德尚仁、天人合一、和而不同、诚信求真、知行合一、开放融通等优秀的传统文化思想，影响着一代又一代的中华儿女。将中国优秀传统文化积极融入高职德育教育实践，对于推动高职德育教育工作与学科发展，有着十分重要的意义。

然而，目前我国很多高职院校德育教育中都缺少中国优秀传统文化的教育内容。只有少数院校开设了“大学语文”“中国传统文化概论”等涉及中国优秀传统文化的选修课。而在大多数院校的德育教育课堂里，几乎找不到中国优秀传统文化的影子。

从目前我国高职德育理论的课程设置，以及高职德育教育专业的课程设置来看，中国优秀传统文化并没有被设置为我国高职德育教育的必修课程，其内容只是零散地分布在部分章节中，尽管也有一些院校开设了“中国传统文化概论”等类似课程，但也仅是作为选修课开设，普及程度有限。而在中国优秀传统文化与德育教育融合方面，更是缺乏相关课程的开发与设置以及相关教材的编写。

可见，在我国高职教育中，德育教育着重突出的是其政治性，对文化性却没有给予应有的关注与重视。中国优秀传统文化在高职德育教育的课程设置中，存在严重的结构性缺失问题。

不仅如此，在我国高职德育教育实践活动中，以中国优秀传统文化为主题而开展的活动，基本处于随机开展的状态，既没有固定的时间安排，也没有形成固定的形式和要求。活动开展的好坏，主要依赖德育教育工作者对中国传统文化的认知程度和重视程度，中国优秀传统文化中许多优秀的教育资源没有被德育教育实践者很好地开发和利用起来，造成了教育资源的浪费。这也是导致中国优秀传统文化在高职德育教育中缺失的重要因素。

（二）高职德育教育专业教师的传统文化功底欠缺

中国优秀传统文化与德育教育融合这一研究方向，要求高职德育教育专业教师必须在中国优秀传统文化和德育教育这两个领域均有一定的学术功底，并且具有这两种甚至多种学科交叉渗透的综合研究能力。然而遗憾的是，我国大部分的高职德育教育专业教师均无法满足这一要求。他们的专业知识结构单一，学科交叉渗透研究的能力相对薄弱。

目前，我国高职德育教育师资队伍的主体是相关专业的理论教师，尤其是从事德育理论课教学工作的教师，这些教师大多是专门从事教学理论与德育教育理论的教学与研究工作，他们大多对中国优秀传统文化兴趣不足，重视程度不够，其专业知识结构单一，偏重于教学理论和德育教育理论，中国优秀传统文化底蕴不足，学术功底相对薄弱，无法有效地运用中国优秀传统文化中的德育教育资源，并将其有效地传输给学生。而其中少数中国优秀传统文化功底比较深厚的教师，则主要是专门从事中国优秀传统文化研究的学者与专家，其德育教育理论学术功底又相对薄弱，在中国优秀传统文化与德育教育如何有机融合方面，也缺乏相应的综合研究能力。

因此可以说，我国高职德育教育中缺少具有较高专业综合素质并能有效地将其传授给学生的教师，直接导致这方面的教学与科研任务难以很好地完成，严重制约了德育教育的实效性与创新发展。

四、中国优秀传统文化融入高职德育工作的困境

（一）高职德育与中国优秀传统文化相结合的意识缺乏

客观地说，中国优秀传统文化教育应该始于基础教育，甚至从学前教育就开始，但是从目前的情况来看，公立学校所涉及的传统文化教育在整个教育体系里所占比重非常小，几乎只存在于人文课程的书本里和课堂上，并且教师的相关知识水平和理解能力也参差不齐。高职教育注重专业技能培养，对德育、德育与中国优秀传统文化相结合的重视度较低，缺乏相关意识。

（二）高职德育与中国优秀传统文化相结合的系统性不强

教育是一个“润物细无声”的过程，也是一个漫长的过程，德育自然也不例外，甚至过程可能比普通的文化课教育更加漫长。中国优秀传统文化融入现今高职德育工作自然也是如此。在这一过程中，中国传统文化中的精粹部分迫切需要与高职生的德育结合在一起。但同时高职院校必须认识到，任何急功近利的做法都是不符合教育规律的。当前高职德育与中国优秀传统文化的结合显得过于碎片化和零散，缺乏长远的系统化的规划与考量，且与其他教育阶段的传统文化教育之间缺乏连续性。

目前，高职院校开展的中国优秀传统文化教育比较单一，不够立体，不能将优秀传统文化中的各个方面联系起来。学校十分重视优秀传统文化中艺术素质的培养，但在具体的过程中片面强调技艺的重要性和所谓“美”的重要性，却忽视了中国优秀传统艺术文化背后的历史文化沉淀，以及其中包含的人文道德关怀。如何建立健全高职德育与中国优秀传统文化结合工作的系统性是尤为重要的。

（三）高职德育与中国优秀传统文化相结合的实效性不强

就中国优秀传统文化融入高职德育这一工作来说，具体的融入方法是十分重要的一个环节，因为这里的“方法”在某种意义上直接决定了德育的“效果”。

现今的教育模式使得学生出现了对功利性目标的追求，为了实现既定的教育目标，学校的教育也往往使用生硬灌输式的教育手法，在中国优秀传统文化的德育课程中也有这样的苗头，这些跟德育与中华优秀传统文化相结合这一工作的宗旨是背道而驰的。中国优秀传统文化教授学生的是博大的人文情怀与道德格局。如果在中国优秀传统文化的教育中加入太多的功利因素，其效率和效果必定不能让人满意。中国人民大学国学院袁济喜教授在谈到中国优秀传统文化中的德育和美育时曾经说过，中国古代的美育与西方相比，更注重其中的德育内涵，以培养合格的人才为目标；同时又将这种人才模式与超越世俗的理想人格融通，故中国的美育可以说是审美人格的陶冶与熏染，从道家的美育意识再到儒家的美育观念，无不体现了这一点。

由中国目前的教育现状来分析，许多教师、家长和学生错误地认为，学习的目的就是为了考试。既然如此，学生学习中国传统文化，也是以取得理想的考试成绩为目的的，比如一遇到“我们应该如何看待传统文化”这类问题，学生们都会写一句屡试不爽的答案“取其精华，去其糟粕”，而如何“取”、如何“去”，如何发扬和挖掘真正的精华却无从谈起，这使得高职德育与中国优秀传统文化的结合缺乏实效性。

第四章　中国优秀传统文化与高职生德育相融合的意义

中国优秀传统文化是当代高职德育的重要精神资源之一，对高职德育工作具有较强的教化功能。中国优秀传统文化与高职生德育相融合能够强化德育教育的效果，实现高职生德育教育应有的价值。本章分为中国优秀传统文化与高职生德育融合的必要性，中国优秀传统文化与高职生德育融合的可行性，中国优秀传统文化与高职生德育融合的价值三个部分。主要包括中国优秀传统文化与高职生德育融合的时代需要、社会需要、个人需要和高职教育的需要的必要性，中国优秀传统文化与高职生德育融合的核心教育理念、功能和内容相同的可行性，中国优秀传统文化与高职生德育融合的时代价值和应用价值等内容。

第一节　中国优秀传统文化与高职生德育融合的必要性

一、时代需要

事物的发展都是曲折前进的，是对不符合时代发展事物的辩证否定，这就要求不仅要保留事物本来的精髓，还要通过创造、创新保持事物前进的活力。实现中国优秀传统文化的创造性发展必须站在时代和历史的高度联系实际。中国优秀传统文化融入高职德育工作，并不是简单地加入和参与，而要经过创新转化为符合时代发展，适合当代高职生特点，被他们内心接受的文化。由此，中国优秀传统文化才能真正地扎根校园，将其对高职生的观念、行为方式和品德修养的积极作用发挥到极致，影响、造福学子。

党的十九大指出，中国特色社会主义进入新时代。伴随世界局势的发展变化，中国经济社会也经历着深刻变革。当前中国所面对的是不可逆转的经济全球化时代，伴随经济全球化不断的深入发展，世界各国不仅面临着各个领域的全球性机遇，同样也要面临着风险的全球化。2008 年全球金融危机以来，世界经济复苏艰难曲折。互联网、大数据及人工智能的迅速发展，逐渐代替传统经济成为推动世界经济增长的新动力，并推动着新一轮科技革命和产业革命的发展。世界经济疲软的大环境下，新冠疫情又给世界经济复苏带来新的困境，国际间公平赤字、发展失衡、治理困境等问题更加突出，“逆全球化”思潮开始涌动，保护主义倾向有了上升趋势，“霸权主义”“单边主义”等极端思想逐渐抬头，世界和中国的发展都站在了十字路口。在新时代这个新的历史交汇点上，面对国内外严峻的发展局势，如何在经济全球化时代抵御文化入侵，如何在互联网大数据时代的海量信息中增强辨别问题的能力，都是中国面临的新时代课题。

不可否认的是，随着国家间的文化交流越发频繁，我国的文化安全问题凸显，这需要培养一批文化底蕴深厚、德才兼备的高职生担当大任。将中国优秀传统文化融入高职德育当中，能够使高职生熟悉我国的历史，增加他们的文化知识储备，更重要的是使他们认同我们的传统文化，增强文化自信。

由此可见，中国优秀传统文化作为自古至今中国人的价值体系和精神力量，在新时代依然具有影响力。结合国内外发展的新形势，对中国优秀传统文化的深入认识与挖掘工作是重中之重。加快中国优秀传统文化创新性转化过程，实现其当代价值，有利于抵御网络大数据时代多元思潮的负面影响。通过对中国优秀传统文化的当代转化，充实高职院校这一人才培养基地的课程内容，提高高职院校学生人文和道德修养，有利于中国向世界展示中国新一代青年人的精神面貌，展现中国优秀传统文化的当代魅力。以此，进一步增强文化自信，增强民族自豪感与认同感，提升全民文化素养，提高国家文化软实力，增加中国国际影响力。

二、社会需要

构建文明和谐的社会环境一直是社会治理的目标之一。随着社会经济的高速发展，人们的物质水平较之以前有了很大程度的提高，生活质量也有了很大的改善，但随之而来的是精神层面上的缺失。从新闻报道上引起争议的老人摔倒扶不扶，到频频发生的炫富事件，对个人利益及物质财富的追逐，逐渐将社会风气引向偏轨。因此，新时代要构建文明和谐的社会环境，应该加强道德价值体系的建设与引导。

社会主义核心价值观是当代社会的“德”，它在道德层面上约束着公民的行为。要积极引导人们践行社会主义核心价值观，就要在全社会提倡学习中国优秀传统文化。千百年来中国社会的风俗习惯、生活方式、思想道德都受到中国优秀传统文化的影响。中国优秀传统文化以“德”为先，爱国情怀、诚实守信、崇尚英雄、尊老爱幼等都是中华传统美德中的精髓，一直延续至今，影响深远。可以说，中国优秀传统文化是“德”之底色。将其与社会主义核心价值观及当代中国精神相结合，可以推动文明和谐的社会环境建设，为人际交往树立良好的道德规范，丰富全民的精神家园，鼓励人们积极向善。

自党的十八大以来，“中国梦”这一词汇频繁地出现在各大媒体的报道中，“中国梦”的诞生是由于我国区别于其他国家的独一无二的历史传统、文化背景和基本国情，尤其是中国人所特有的价值观念和思维模式为“中国梦”的产生提供了智力支撑。中国独特的文化发展脉络也为中国特色社会主义道路提供了文化支撑，是实现中华民族伟大复兴的精神支撑。中华民族留存千年而不朽，依靠的正是自身优秀传统文化中的精神力量。“常思奋不顾身，以殉国家之急”的家国情怀，“先天下之忧而忧，后天下之乐而乐”的忧患意识，“天下兴亡，匹夫有责”的担当精神等构成了爱国主义的传统；“天行健，君子以自强不息”的进取意识，“苟日新，日日新，又日新”的创新精神，这些内容都是中国精神的集中体现。核心价值观是一个民族在长期的发展过程中形成并得到全体公民认同的统一的思想道德观念及价值观念，是民族生存发展的精神动力。

我们现今所提倡的社会主义核心价值观也是在中华民族千年的发展过程中孕育而成的。无论是实现中华民族伟大复兴还是践行社会主义核心价值观都离不开对自身优秀传统文化的传承。优秀传统文化是中华民族生存发展的原动力，是我国文化软实力的集中体现，只有将中国优秀传统文化融入社会主义建设的过程中，才能发挥其强大的文化力量，促进中国梦的实现。所谓“少年强则国强，少年智则国智”，当代青少年尤其是当代大学生是实现中国梦的主力军，他们的思想影响着国家的未来，在高职院校德育教育中融入中国优秀传统文化，对于培养高职生的民族使命感、自豪感、认同感具有重大意义。

三、个人需要

中华古典诗词是中国文学的瑰宝，也是传统文化的精华。从第一部诗歌总集《诗经》开始，中国古代诗词就具有鲜明的进步性和思想性。之后历代的爱国文人都用瑰丽的诗句抒发热爱祖国的情怀：“路漫漫其修远兮，吾将上下而求索”是爱国诗人屈原为使楚国强大富饶而追求不息的愿望的强烈表达；杜甫“向来忧国泪，寂寞洒衣巾”的忧国忧民思想每每读来都感人至深；王昌龄那“黄沙百战穿金甲，不破楼兰终不还”的壮志豪情，激励了多少将士奋发沙场，不惜抛头颅、洒热血，为国捐躯；岳飞的一首《满江红》千古传诵；文天祥的“人生自古谁无死，留取丹心照汗青”万世流芳；如此等等，不胜枚举。古典诗词中的爱国主义思想，诗人们忧国忧民的深思、献身报国的壮志，对于当代高职生人生价值的选择都是很好的教材。这些优秀的传统文化不仅能带给当代高职生知识与学问，更能陶冶他们的情操，让他们形成良好的个人品德，提高他们的审美能力，激励他们传承民族的优秀人格，为祖国的繁荣富强不断奋斗，实现自己的人生价值。

教育是培养人的社会实践活动，那么高等教育要培养什么样的人呢？2010年《国家中长期教育改革和发展规划纲要（2010—2020年）》提出了我国的教育目的是全面贯彻党的教育方针，坚持教育为社会主义现代化建设服务，为人民服务，与生产劳动和社会实践相结合，培养德智体美全面发展的社会主义建设者和接班人。由此可以看出高职教育的目的便是培养德、智、体、美，还有劳的全面发展的，具有独立个性的社会主义建设人才和劳动者。如果说高职院校的专业教育是培养学生应具备的专业技能，是一个专业人才所必须具备的能力，那高职院校德育教育则是对学生内在修养与人格的培养，这是一个人正确面对未来、面对人生的最基础的内在因素。

对高职院校大学生来说，健全的人格是指其能正确处理人与人、人与社会、人与自然的关系，还包括个人的自我完善。同时，健全的人格需要情感、意志、智识三者有机统一与和谐发展，重视情绪与意志的培养。中国优秀传统文化在发展的过程中一直比较重视对个人健全人格的培养。例如，孔子认为理想的人格境界是仁知并重，他提出“知者不惑，仁者不忧，勇者不惧”的思想，同时也提出了达到理想人格的方法。中国高职院校在大学生德育教育中应该继承和发扬中国优秀传统文化，通过结合现代化的教学手段和中国优秀传统文化在教育中所发挥的优势，共同实现对大学生健全人格的培养。

在世界经济全球化的大背景下，世界各国的文化交流越来越频繁。互联网等新媒体的快速发展，也加速了各种文化思想的传播。在快节奏生活的当下，更多的青年人通过网络来了解信息。也正因此，“利己主义”“享乐主义”等各种消极负面思想通过互联网快速传播，对青年人的价值观形成了冲击。而高职院校长久以来，注重学业成绩的量化指标，忽视了多元思潮对学生的影响，放松了对学生思想道德的培养，使得一些思想道德问题在学生中产生并蔓延。

在这样的背景下，个人对道德价值的需求同样十分强烈。中国优秀传统文化蕴含丰富的道德理念和价值准则，爱国、勇于担当、敢于革新等思想，是中国优秀传统文化影响至今的宝贵精神财富，一直潜移默化地影响着中国人的生活与行为方式，在社会的个人道德评判和价值取向标准上发挥着重要作用。

新时代，传承与发展中国优秀传统文化，有助于提升高职学生的个人文化修养，提高他们对人或事物的判断能力，使他们自觉抵御消极负面的文化思想，树立正确的世界观、人生观与价值观。

四、高职教育的需要

习近平总书记强调："不断提高学生思想水平、政治觉悟、道德品质、文化素养，让学生成为德才兼备、全面发展的人才。"成为高素质的复合型人才才不会被社会轻易淘汰。这就要求高职生在求学生涯中不仅要学好本专业知识，还要广泛阅读，研究其他领域的知识，自身也要不断塑造昂扬进取、潜心钻研、勇于创新的良好素质。高职院校也要积极承担起提升学生综合素质的使命，充分发挥辅导员、思想政治理论课教师、专业课教师、后勤人员的育人合力，还可以通过与校外企业以及当地政府合作，拓展育人的场域，全方位、整体性、创造性地实现培养学生综合素质的目的。

提高德育教育工作的实效性需要与中国优秀传统文化相融合。中国优秀传统文化的道德教育功能与德育工作的任务和要求具有一致性和内在统一性。因此，要将中国优秀传统文化寓于德育之中，增加德育教学的生动活泼性，并且在德育课程中，使学生接受中国传统优秀文化。

中国优秀传统文化与德育相融合，有利于营造和谐的德育氛围。中国优秀传统文化是校园文化的重要组成部分，将中国优秀传统文化渗透到高职院校的校园文化生活，让学生从中得到理想激励，使学校发挥出德育引领作用，令学生在生活学习之余充分受到中国优秀传统文化的熏陶，对学生德育产生积极的导向作用。

中国优秀传统文化与德育相融合，提供德育工作的方法论。传统文化以"道德感化""合理感化"为主要内容，中国学校德育在不断发展中形成的"以道德教育为主，智力教育为辅"的教育模式，也是高职德育在新的历史时期可以借鉴的有效方法之一。

伴随着经济全球化进程不断加快，特别是我国在改革开放和加入 WTO 之后，我国进一步融入经济全球化的进程当中。同时互联网技术的高速发展，使我国进入全民网络时代。在这种背景下，信息传播速度加快，传播的覆盖面更为广阔，先进的技术为东西方思想、文化的正面接触与直接交流提供了最为迅速和方便的手段。

经济全球化首先表现在经济领域，并渗透到社会、政治、思想、文化等诸多领域，改变了人类的生产、生活方式。在这种以互联网为载体的经济全球化背景下，不同国家政治经济文化的交流与碰撞是不可避免的。文化的交流与碰撞不仅为德育教育带来了新的机遇，更为高职院校德育教育带来了巨大挑战。

在这种形势下，各种思想相互交错、相互激荡，西方的价值观念、思想意识形态和生活方式必然会对高职学生产生一定影响。这种多元化的状况容易造成学生思想的混乱和选择的迷茫，特别是某些披着科学和进步的外衣，实质上否定马克思主义的西方社会思潮。这种形势增加了高职院校德育教育的难度，给高职院校德育教育提出了更高的要求，主要表现在如何引导广大学生在多元思想文化、价值观念并存的情况下，坚持指导思想的一元化，坚定自身正确的信仰。为应对西方资本主义思想的渗透，高职院校德育教育必须在教育过程中进一步增强学生的民族凝聚力与自信心，在目前这种形势下加快中国优秀传统文化融入高职院校德育教育的进程，不断给学生灌输更多的中国优秀传统文化，无论对增加当代大学生的社会责任感还是培养他们的爱国主义精神，都具有重要的现实意义。

中国优秀传统文化有助于我国高职院校德育教育体系的构建。中国优秀传统文化是一种崇德型文化，蕴含着深厚的德育资源。中国优秀传统文化中的许多教育观念、道德规范为新时期德育教育的目标、内容、原则和方法提供了良好的借鉴。同时，中国优秀传统文化主张先行德育、后行智育、德教为先的理念。

第一，中国优秀传统文化对人格的追求是高职德育教育的基本目标。孔子的“三军可夺帅也，匹夫不可夺志也”强调人应该具有独立人格，孟子的“富贵不能淫，贫贱不能移，威武不能屈，此之谓大丈夫”则提倡崇高人格。

第二，中国优秀传统文化对整体观念的培养是高职德育教育的重要内容。中国优秀传统文化追求“天人合一”的自然观念，恪守“自强宽厚”的民族精神，信奉群体至上的国家意识，秉持“和而不同”的社会人际关系，强调“内圣外王”的人生取向，等等，这些关于自然、民族、国家、社会和人生问题的思想，不仅赋予了中国优秀传统文化团结向上的价值取向，也给高职德育教育提供了丰富的教育资源。

第三，中国优秀传统文化注重言传身教形成了许多具有操作性的高职德育教育原则：①身正为范的原则。孔子说：“其身正，不令而行；其身不正，虽令不从。”教育者自身的榜样力量和示范效应是非常重要德育的因素。②因材施教的原则。这种原则在中国传统道德教育中历史悠远，孔子在总结前人和自己教育经验的基础上提出了“因材施教”的思想。孔子、孟子根据学生的特点和成长环境，分别对学生施行不同的教育。③循序渐进的原则。明代思想家王守仁撰写的《教约》对传统道德教育程序进行了规定，使受教育者的道德认识和行为得以逐渐深化、不断完善。

第四，中国优秀传统文化强调“知行合一”理念是高职德育教育的方法。孔子在对弟子的教育中强调学思并举，并说“学而不思则罔，思而不学则殆”。儒家道德教育表现出强烈的理性实践精神。孔子认为行是德的表现，行重于言，言行一致。注重“言必信，行必果”“听其言观其行”，做到“君子耻其言而过其行”。作为心学创始人，王守仁认为“致知之，必在于行”。在传统道德实践中，无论是学思结合，还是身体力行，最终的目标都是追求“慎独”的理想道德境界。慎独是以“克己”的形态表现出来的。孔子认为，人如果做到“克己复礼”，便能成就“仁人”的社会理想道德人格。

总之，中国优秀传统文化中蕴含着丰厚的哲学思想、人文精神、道德理念和教化思想等，蕴藏着解决高职生难题的重要启示，为新时期高职生德育教育工作提供了重要内容和有效方法，有助于我国高职院校德育教育体系的构建。

第二节　中国优秀传统文化与高职生德育融合的可行性

一、核心教育理念相同

“立德”和“树人”分别出自《左传》和《管子》，“立德”，指树立道德，“树人”论人的培养。这是古人所推崇的教育理念。立德以树人，树人先立德，“立德”“树人”两个词语背后蕴含着一个亘古不变的深刻道理，即德是人之根本。这是融入中华民族血液里的传统教育理念。

习近平总书记在北京大学师生座谈上的讲话指出，人才培养一定是育人和育才相统一的过程，而育人是本。人无德不立，育人的根本在于立德。这是人才培养的辩证法。在新时代，高职院校是人才培养的主阵地之一。尽管社会的高速发展赋予了学校更多的使命与功能，但高职院校最根本的任务还是为国家和社会培养人才。要把青年人培养成可以为国家和社会做贡献的人才，不仅要抓好专业知识，更要树立良好道德品质。中国优秀传统文化与高职院校德育教育在核心教育理念上达成了一致，即在教育过程中实现“立德”与“树人”之间的平衡。

二、功能相同

中国优秀传统文化与高职院校德育教育的功能是相同的，二者都是从思想上对人进行培养，指导人在一定的社会环境下如何生活。

首先，育人功能相同。中国优秀传统文化是中华民族几千年的智慧结晶，有着丰富的道德内涵和人生哲理，引导人们树立正确的价值观，成为中华民族世世代代的精神家园。高职院校德育教育也是使学生树立正确的人生观，明确正确的政治方向，培养学生的责任感与使命感，使学生具备良好的道德品质，成为合格的社会主义接班人。

其次，价值导向功能相同。中国优秀传统文化中爱国、忠义、诚实守信等道德价值内容涵盖了对人生价值的引导，它引导人们做一个明德守法、尊师重道的人。高职院校德育教育也同样如此，它是按照一定的原则与方法，引导学生树立正确的价值观，成为一名合格的社会公民。

最后，凝聚民族力量功能相同。中国优秀传统文化是中华民族宝贵的精神血脉，千百年来，历经磨难的中华民族凭借着坚韧不拔的民族精神战胜了一个又一个困难，中国优秀传统文化成为中华民族凝神聚气的精神财富。高职院校德育教育也同样担负着丰富学生精神世界、塑造学生坚毅品格的任务，让学生在德育中获得精神力量，勇于战胜困难，团结一致，永不退缩。

三、内容相同

中国优秀传统文化包含的爱国主义、人生哲理和理想信念等内容在当下依然具有很强的现实意义，是高职院校德育教育内容的源泉。

首先，爱国主义是高职院校德育教育的核心内容，它应根植于每个人的心中，只有这样才能推动中华民族不断发展与前进。在中国优秀传统文化中，讲述爱国主义的内容并不少，屈原、岳飞、林则徐等人的英雄事迹，古代文化典籍中“天下兴亡，匹夫有责”“苟利国家生死以，岂因祸福避趋之”等名句，都向我们传达不同年代的爱国主义思想。这些内容激励着一代又一代的中国人努力奋进，建设祖国，也为高职院校德育教育提供了丰富的爱国主义教育内容。

其次，中国优秀传统文化与高职院校德育教育都注重进行正确的世界观、人生观和价值观的引导，中国优秀传统文化中有不少诗词都是讲求积极的人生态度与处世之道的，例如，“居高声自远，非是藉秋风”“欲穷千里目，更上一层楼”等，这些内容也与高职院校德育教育内容有着重合之处，也对高职院校学子树立积极的世界观、人生观、价值观起到了重大的作用。

最后，青年人要早立志、立大志。中国优秀传统文化对理想信念的重视程度早已不言而喻。“长风破浪会有时，直挂云帆济沧海”“但愿苍生俱饱暖，不辞辛苦出山林”都体现了古人对理想信念的重视，也提倡每个人都应树立自己的志向。到了当代，高职院校德育教育积极引导学生在树立正确的世界观、人生观、价值观之后，树立自己的志向，为国家和个人而奋斗。

第三节　中国优秀传统文化与高职生德育融合的价值

一、增强高职生的文化自信

随着国家间的文化交流日益频繁，各种外来思想涌入中国，因此，进一步增强文化自信，保持我国文化的独特魅力，是提升国家软实力、掌握世界话语权的国家重要战略。高职院校德育工作的内生动力和力量源泉是与中国优秀传统文化的创新发展分不开的。高职院校是弘扬传播文化的主阵地，要通过多种途径，增加高职生对中国优秀传统文化的认同感，进一步增强他们的文化自信。

高职生在对中国优秀传统文化的认知和将其转化为实践的过程中，要形成自己的批判性思维，用中国优秀传统文化去阐释世界，分析中国的热点问题。当代高职生要自觉承担起传承中国优秀传统文化的重任，在参与课堂讨论、参加校园活动、进行马克思主义理论宣讲、进行社会调研等活动、生活中发表个人见解时，要注重挖掘中国优秀传统文化，要坚持传播中国故事、持续展现中国精神、不断形成中国思维，提升国家的国际地位，让中华传统优秀文化在世界丛林中繁茂生长。

中国特色社会主义文化自信，是对中华文化发展价值的充足肯定和对自身文化软实力提升的坚定信念，这种自信在很大程度上来自中国优秀传统文化。习近平曾指出：“中国特色社会主义文化，源自中华民族五千多年文明历史所孕育的中华优秀传统文化，熔铸于党领导人民在革命、建设、改革中创造的革命文化和社会主义先进文化，植根于中国特色社会主义伟大实践。”中国优秀传统文化独一无二的气度和神韵，增加了中国人民和中华民族内心深处的自信潜力和自信优势，显出中国智慧和中国主张深沉的精神标识，蕴含着涓涓不息的当代价值内涵。

高职学生文化自信的思想供养，是实现中华民族文化自信的关键一环，其过程具有显著的教育性。随着知识和阅历的丰富，高职学生对于文化的自主认知能力愈发变强，心智成熟度愈发变高，价值思考的系统性愈发变好。在这一思想成长时期，由于学习模式和重心向对接社会的工作需要偏移，高职学生必然会产生世界观、价值观的强化或重造，更深层地觉察自己的文化信仰系统，从而建立自己认同的文化价值形态。因此，对尚未步入社会、价值观念尚不稳定的高职学生来说，文化自信的培养有一定的困难和障碍，通过挖掘中国优秀传统文化的精神实质，树立学生的文化自信成为未来高职德育教育的重要引领和导向。

二、开启高职生的智慧和原创精神

儒家学说是一门协调人与自然、人与人的关系的学问，是中国优秀传统文化中的一颗明珠。自人类产生开始，人与自然、人与人之间的矛盾也就出现了，在这个问题上，儒学强调仁爱、和谐、秩序，提出了“天人合一”的价值观念。中国的思想家和哲学家大多强调内心平和与内心修养，他们追求与天地万物协调共存，而不是强调对立和征服。当今人类社会面对生存、能源、环境等一系列难题的困扰，“天人合一”的思想对解决这些问题具有现实的指导意义。历史已经证明，“天人合一”的思想是极富远见的，这种思想在任何时候，对我们的学习、生活和工作都具有长久的指导意义，都能启迪高职生的智慧。

在中国的传统文化中，首先提倡变革与创新精神的当推《周易》。易，就是变化的意思，宇宙万物，生生不息，不断发生着变化。作为中华民族文化思想的起源之一，《周易》用质朴的语言、简单的原理阐释了宇宙的来源和万物生长、人类社会进化的法则，内容囊括了政治、经济、军事、伦理、天文、医药、教育等多个方面，可谓丰富多彩、博大精深。虽然其中也有一些与社会发展不相适应的内容，但其精华部分存在的积极意义，对过去、现在以及将来都会发挥很大的作用。

首先《周易》重视发展创新，提倡人们的思想要随着时代的发展变化而不断变化，不应因循守旧。

其次，《周易》强调持之以恒，坚韧不拔，即主张“不易”，如“天行健，君子以自强不息”，这里的“健”说的就是刚健强胜、永恒不变的意思。

最后，《周易》倡导知难而进、迎难而上。《周易》的这些真义和精神，正是我们现在所提倡的创新精神，能够从哲学的、历史的、审美的多维度、多层面开启当代高职学生的智慧和原创精神。

三、践行社会主义核心价值观

社会主义核心价值观是国家倡导和推行的，国人共同遵守的道德规范，中国优秀传统文化与它的内在要求相一致，二者紧密联系在一起。中国优秀传统文化融入高职院校德育教育，有利于大学生践行社会主义核心价值观。中国优秀传统文化是中华民族最基本的文化基因，有利于抵御西方国家对国人价值观的渗透。高职院校要用其诠释社会主义核心价值观，必须坚持理论和实践相联系的原则，将其与大学生的日常生活紧密联系在一起，坚持行胜于言，在落实、落细、落小上认真思考，使其贯穿于学生生活、学习的方方面面。中国优秀传统文化的价值追求，如“修身、齐家、治国、平天下”，体现了社会主义核心价值观在个人层面、社会层面和国家层面的要求。

中国优秀传统文化还强调“君子喻于义”“言必信，行必果”“大道之行也，天下为公”等，这些具有显著民族特色的思想和观念精华与社会主义核心价值观的内容相一致，对国人的道德思想和行为方式有所启示，高职院校要充分运用其中的道德资源，将其精华融入高职院校德育教育当中，创设有利于传承和弘扬中国优秀传统文化的校园氛围。

理想信念存在于高职院校学生的深层意识中。中国优秀传统文化指引高职学生主动把理想信念融入中华民族的共同理想中，为社会主义建设事业奉献青春，建功立业。爱国主义是中国优秀传统文化精神的核心，是对祖国、人民的忠贞热爱之情。学生在全面认识国情的基础上，增强自身对理想信念与爱国主义的认同感。学生学习社会发展史，做到理论与实践相结合，在社会实践中增强自身的公民意识、奉献意识。

培育与践行社会主义核心价值观需要与爱国主义联系起来，一方面需要传承中国优秀传统文化，使爱国主义内化于心；另一方面要不断反思、深化，在实际生活中将内化于心的社会主义核心价值观融入实际行动中。社会实践对高职学生也是一种不可或缺的教育方式，学生通过社会实践教育可以有效培育和践行核心价值观念。社会主义核心价值观要求高职学生将中国优秀传统文化融入内心深处且践行在行动上。新时代学生践行中国优秀传统文化应从点点滴滴的小事做起，例如，学生积极参加“三下乡”活动，保护当地生态环境，看望敬老院里的孤寡老人，帮助因父母打工而得不到细心照顾的留守儿童等。通过这些社会实践行为，将社会主义核心价值观在不知不觉中内化于心、外化于行，感受中国优秀传统文化中的社会主义核心价值观的内涵。

新一代高职大学生正处于心理与生理发展关键阶段，这一群体具有创造性，也是最具有前途和希望的群体之一。高职大学生的社会主义核心价值观取向关系到大学生的未来发展。大学生从自身做起，通过学习中国优秀传统文化将社会主义核心价值观外化于行，提升自身综合素养，努力成为建设社会主义事业的可靠接班人，不驰于空想、不骛于虚声，为实现中华民族伟大复兴的中国梦贡献力量。

四、提升高职生的思想道德素养

习近平总书记勉励大学生，“广大青年要把正确的道德认知、自觉的道德养成、积极的道德实践紧密结合起来”，“不断修身立德，打牢道德根基，在人生道路上走得更正、走得更远”。德育工作的重中之重是“立德”，中国优秀传统文化蕴含道德修养学问，将其融入高职德育教育中，能够为解决部分高职生素质不高、理想信念不坚定、精神空虚等问题提供思路，为提升高职生的自立、自强、自信催生动力。

中国优秀传统文化包含着丰富的道德育人思想，其主流是儒家思想，它重视人格的完善，强调达到“内圣外王”和“止于至善”的境界，主张尊重人的尊严和价值。曾子说：“士不可以不弘毅，任重而道远。”曾子主张人要追求崇高的精神境界，他认为人应该把“君子”作为目标，君子应该内外兼修、正心诚意、严于律己、与人为善、言行一致、廉洁自律、追求崇高。曾子注重自身的内心修养和改变力量的发挥，提出“忠”“信”“习”，即所谓的“三省吾身”。他尽礼守约，往往注重一些常人认为微不足道的事情。他指出“贵乎道者有三”，“动容貌”“正颜色”“出辞气”，即容貌严肃端正，脸色应当庄重严肃，注意自身言语口气，即使这样的生活小事，也是君子修道之要。这表明，道德修行在于个人，每个人从思想和行动上要记住做人之本。孟子提倡“富贵不能淫，贫贱不能移，威武不能屈”的大丈夫人格，同时，他在道德上主张要有“至刚至大”的浩然之气。这些经典的儒家思想都要求人们追求崇高的精神，树立品格修养。历经世事变换，如今这些已成为塑造中国人民品格、增强中国人民修养的重要指导精神。而追求崇高的人格修养，有助于增强高职生的品德修养，完善其道德人格。

当今社会竞争激烈，面对各种诱惑和选择，一些高职大学生迷失困惑，对金钱过度追求而忽略了内在原则和底线。如何保持清醒，不随波逐流，做到精神上的自省，提升个人素养成为重要问题。特别是近年来社会上不时出现道德底线被突破的现象，诚信问题、伦理问题、信仰问题、教育问题时常成为社会关注的焦点，因此，全面提升公民个人素养成为实现“中国梦”的重要前提和其他工作顺利开展的重要保障。面对开放的价值观环境和多元的价值观选择，我们该何去何从？尤其是高职生尚未形成独立的判断，易受误导，如何引导他们，引导他们成为什么样的人，需要高职德育工作者进一步的思考。而高职德育工作者必须要有所凭借和依托，中国优秀传统文化就成为我们的必然选择。

五、在认清基本国情的基础上放眼世界

中国优秀传统文化中蕴含独具民族特色的德育教育价值，对当代高职德育教育有复合多元的积极意义和宝贵价值，为高职德育教育的学理研究和教育实践提出了新的使命任务，创造了新的发展机遇。中国优秀传统文化的土地上应该生长起德育教育的芽苗，二者的同构融合才能彰显现代思想的时代价值特质，从而为切实可行的价值应用路径寻踪觅迹。

认清国情是德育教育赖以进行的前提，是教育者向教育对象传授国家情况的基本知识、分析认识国家形势的基本过程，是教育对象树立正确国情观的基本途径。毛泽东曾指出国情教育的极端重要性，他认为认清中国社会的性质，也就是说认清中国的国情，乃是认清一切革命问题的基本的依据。在革命时期，对国情的把握使中国共产党取得了革命的伟大胜利，而当前进入物质丰饶的市场经济时代，人们对国情的认知和理解程度愈发浅薄，人们在追求舒适的物质享受时，对中国优秀历史传统的了解和认知却愈发不足。国情教育的旁落和销蚀，啃噬着中国文化的根茎。高职德育教育正面临着中国优秀传统文化教育和传承断档的严峻形势。青年学生如果不了解自己的国家，其文化自信、政治意识、国家品格、价值观念等都会逐渐消失殆尽，文化教育也将被“边缘化”而成为思想的荒漠。高职德育教育就是要廓清社会逐利浪潮的思想，提高高职学生在思想纷争中正确辨别是非的能力，扫清他们价值观形成道路上的思想障碍，帮助他们树立正确的是非观，为他们指明正确的思想方向，成为他们思想成长和品德形成的一道坚固防线。

中国优秀传统文化具有稳定的共同精神、思想状态和价值取向，具有优良的德育教育功能。它不仅以汉字、史书典籍等客观形式表现，更以在长期历史发展中沉淀而成的民族意识的主观形式存在。中国优秀传统文化在当今依然能给予人以有益的思想启迪和思想借鉴，其丰盈的教育价值和社会价值彰明较著。高职德育教育应厚植于中华民族的文化土壤，充分吸收优良传统的阳光，在现实教育的基础上朝历史教育积极发力，继承与发展中国优秀传统文化内容，充分发掘中国优秀传统文化的意义价值，切实增强当代高职学生对国家基本情况的知晓，以利

于他们作为技术工人更好地看懂中国、走向世界，积极投身到“一带一路”的国际合作与交流的大浪潮中，努力打开现代化的国际新视野。

国家倡导这些活动的真正目的是将这种优秀的传统文化在人们心中修建起来，让我们具有很高的民族文化自信心和凝聚力。而要达到这一目标的前提是我们国民的传统文化素养具备一定的高度，因而高职德育工作者就必须从各个方面加强自身对优秀传统文化的学习，只有这样，当我们拥有了高度的民族文化自信心和凝聚力，我们就能很自然地将我国优秀传统文化的旗帜插遍全世界，将中国优秀传统文化发扬光大。

现在我们国家的发展也有了一定的提升，如何提升我国在世界上的影响力，让我们的传统文化“走出去”是至关重要的一步。如何“走出去”，需要创新的模式，如果仅仅是理论上的传教是无趣的，也是人们不愿接受的。而将我们的文化与商业模式以及产业链结合起来，将传统文化商业化、产业化以及市场化作为文化“走出去”的运作方式，形成以客观事物为主体的中国优秀传统文化“走出去”新模式是未来的趋势。例如，我们将孔子学堂开遍许多国家就是这一模式的体现，以文化为内涵、以教育事业为载体，将我们的孔孟思想远播海外。

六、铸牢德育教育的核心价值

中国优秀传统文化讲究人之伦理，进而推及人之事理、社会之机理、宇宙之道理，最终汇集形成“天人合一”的伦理特质。在中国优秀传统文化中，对于人伦传统的探究是理韵之基，因此，对人伦的现代探究，即思想道德和价值观念的意识形态伦理建设，是当代德育教育的重要部分。中国优秀传统文化不仅让中国人民打开了智慧之“眼”，瞻仰来自远古的光辉历史文明和感受深厚的文化底蕴，而且它还形成了深远持久的优良传统，为思想道德建设和核心价值内塑供给了丰富系统的内容，也是高职德育教育思想和价值体系建设的基础。

在中国传统思想中，常常将个人的伦理道德与国家的政治意志主张契合为统一体，形成由微观到宏观的社会思想道德运行体系。社会主义核心价值观的确立把中国优秀传统伦理德性品格应用于现代社会共同的德育教育体系之中，分别标定了国家坐标、社会坐标和个人坐标，三维立体构型的价值共同体包含了社会思想道德建设的方方面面，是对中国优秀传统文化内蕴思想道德价值的承继和创新。社会主义核心价值观从普通个人的修养小原则上升到经国之道的治理大道理，正是高职学生应努力追求的从生活自理到社会自立，再到国家自强的思想道德境界。

高职教育肩负着培养适应现代科技产业发展，具有综合职业技能，在生产和服务一线工作的高素质劳动者的重要使命，是我国高等教育的重要组成部分。在新时代的社会发展条件下，高职德育要加强思想道德建设，培养学生的职业道德，用中国传统美德助推他们形成高尚的职业道德情操，将敬业奉献、精益求精、自信专注、务实创新的劳动精神和工匠精神培植于学生心中，让学生将实现自身价值与服务人民结合起来，成长为祖国未来的技能人才。

七、融合学科核心素养

中华优秀传统道德教育与政治认同、科学精神、法治意识、公共参与学科核心素养的融合。中国优秀传统文化中有许多值得当今社会借鉴的优质思想理念，如儒家“不患寡而患不均，不患贫而患不安”中所包含的经济平等思想；孔子“己欲立而立人，己欲达而达人”“己所不欲，勿施于人”以及墨家“兼爱”思想中包含的人格平等思想；法家“刑过不辟大臣”“王子犯法，与庶民同罪”的法律面前人人平等思想；戴圣在《礼记·礼运篇》中提出，“大道之行也，天下为公，选贤与能，讲信修睦，故人不独亲其亲，不独子其子，使老有所终，壮有所用，幼有所长，鳏寡孤独废疾者，皆有所养……是谓大同”，其包含了经济平等、社会平等和政治平等思想；朱熹“自天子至于庶人，无一人之不学”包含的教育平等理想；管仲“以公正论，以法制断”制定的坚持公平正义、依法办事的标准；孟子在《孟子·离娄上》中提出“徒善不足以为政，徒法不能以自行”，表明只有善政与法令结合，国家才会正常有序的思想；等等。这些中华优秀传统道德教育的思想理念对当代的教育事业十分重要，尤其是当代德育教育提出的政治认同、科学精神、法治意识、公共参与学科核心素养更是与这些传统思想如公平正义、平等、法治、团结等有着共同本质内涵。

因此，立足当下的德育教育事业，将中华优秀传统道德教育与政治认同、科学精神、法治意识、公共参与学科核心素养融合，形成新时期具有中国特色的德育教育思想理念，形成这样的教育体制有助于教育出符合当代社会背景的人才，为我国社会的建设提供最强大的支撑。

同时，在当今这个世界文化大融合的趋势下，将中华优秀传统道德教育与政治认同、科学精神、法治意识、公共参与学科核心素养融合在一起，有助于我们在文化融合时保存自身文化的特色和本质，并将其他国家文化去其糟粕、取其精华后融入我们的文化理念中。并且这种融合的理念也是我国文化走向世界的一个重要支撑，是我们传承和弘扬中国优秀传统文化构建最有效的途径。任何国家的发展都是从过去走向现在的过程，因此传统不能丢。我们有优秀的文化资源和道德资源，这些资源更不能丢，同时，任何国家的创新和发展都离不开核心价值观的巩固、发展和创新。

因此，进行中华传统道德教育的创新研究就是要通过开发传统道德教育资源来为新时代的社会主义核心价值观的教育提供养料，就是要实现中华优秀传统道德教育与中国特色社会主义核心价值观的结合。而将中华优秀传统道德教育与政治认同、科学精神、法治意识、公共参与学科核心素养的融合便是其至关重要的模式之一，需要我们现代社会的成员共同努力实现。

八、提升人文精神和科学精神素养

中国优秀传统文化的伦理道德精神内容丰富，主要包括整体主义、道义主义、克己主义等，逐渐形成了中华民族博大宽容的气度和民族精神。孔子主张“君子和而不同”的和合精神，同时认为应该“均无贫，和无寡，安无倾”，强调的是社会的整体和谐；孟子认为“天时不如地利，地利不如人和”，强调了“人和”的重要意义，认为“人和”是成功的首要因素；荀子认为“群居和一”“和则一，一则多力，多力则强，强则胜物”，表达的是希望大家可以同心同德、团结协作，从而推动社会进步发展，实现国富民强。这些都是整体主义的集中体现，这种团结协作的整体主义思想是中华民族仁厚、宽容、博大的胸怀形成的根基。学习弘扬这些思想，对克服个人主义思想、培养集体主义精神意义重大。

“君子义以为质”“君子义以为上”。孔子认为高尚的道德品质和情操，是君子所应具备的，为人处事应坚持道义至上的原则，他还提出道德的自我完善应该是人生价值的第一取向，指出做人的基本德性是“智、仁、勇”。孟子继承并发展了这一观点，提出“仁、义、礼、智”。这些都是以“仁”为核心的，所谓仁，就是爱人，做到对他人的关心和尊重。这一点，放在当下仍有非常重要的意义。

《易经》中载，“谦谦君子，用涉大川”，认为君子如果能始终保持谦虚，无论遇到多大的艰险也不能影响他们最终取得重大成就。孔子指出“克己复礼为仁”；老子则认为，作为人类行为所依循的“道”，应致虚守静，强调慈、俭、朴等。这些思想表现了中华民族崇尚谦虚、克己的美德，对莘莘学子在学业上专心攻读，在生活上勤俭节约均有裨益。

总之，中国优秀传统文化的精髓是人文精神与科学精神融合统一的中华民族精神，概括起来就是“究天人之际”的探索精神，“自强不息”的进取精神，“经世济民”的责任精神，“和而不同”的和合精神，等等，这些精神是培养学生人文精神和科学精神的宝贵财富。对高职学生进行中国优秀传统文化教育是德育的重要内容。在经济全球化的时代背景下，将中国优秀传统文化作为研究对象，切实将其继承、弘扬和融贯到高职德育中，是提高高职德育工作的理论实践科学性和有效性的新路径。

九、助推职业道德和责任感

每年数以百万计的新增毕业生涌入就业市场，高职大学生就业心态不端正会导致人力资源的浪费以及就业市场的混乱。因此，需要通过中国优秀传统文化端正大学生就业心态，助推大学生职业道德和责任感的提升。

“勤学敬业”中勤学在敬业之前，在进入社会开始工作之前，学习是每位学生的本职工作，要想在社会上立足首先要在学校里勤奋学习自己的专业知识，练就熟练的专业技能，这样才谈得上日后在自己的工作岗位上尽心尽力，并修成良好的职业道德。而良好职业道德的养成始于端正的就业心态，当学生踏入社会时，应懂得立足于社会的根本是个人诚信。

我国优秀传统文化中将诚信作为“五常之本，百行之原”，并且我国优秀传统文化中包含了大量的诚信经典、诚信榜样，将中国优秀传统文化中的诚信观点融入高职院校德育中，有利于矫正大学生在求职中贪多求高、不脚踏实地的现象，有利于大学生规范求职信息、不弄虚作假，从而促进大学生的职业发展，树立他们的工作信心。

大学生社会责任感的强弱不仅关系到大学生自身品德的塑造和人格的形成，更是关乎国家的未来和民族的兴旺。对大学生来说，个人价值的实现与否是以自己是否对社会、国家有所贡献来衡量的，国家的名誉和利益是与个人的名誉和利益息息相关、密切联系的。培养大学生的社会责任感更是当今和谐社会建设的时代要求与践行社会主义核心价值观的切实需要。

培养大学生的社会责任感也是高职院校德育工作的重要组成部分之一。但是我们必须认识到，如今的大学生社会责任感的培养效果还不是很成功，部分学生依旧存在社会责任感淡薄的情况。高职院校德育的社会责任感培养工作不应只局限于课堂的教学和宣讲，更应该组织丰富多彩的课外活动加以宣传和渗透，这就需要借助于中国优秀传统文化中关于社会责任感的相关知识，例如，顾炎武提出的“天下兴亡，匹夫有责”的思想，就能够应用于高职院校德育推进大学生社会责任感培养的工作中。中国优秀传统文化能够成为高职院校德育工作的润滑剂，推动高职院校德育工作更加有效率的开展。

中国传统道德是维护血缘关系和宗法制度的，我国优秀传统文化的生命力、延续力和凝聚力源于中国传统的家庭观念。中国人重视“家庭”，重视个人对家庭的责任，一个对自己家庭有责任心的人更容易对自己的工作产生责任心，对社会产生责任心。

我国家庭美德中最重要的就是孝敬之道。由孝亲伦理而产生的“爱”与“敬”更容易衍生出个人的其他美好品德，从而提升个人的道德水平。孝文化为高职院校德育提供了精神上的给养，从孝亲伦理出发的感恩教育更容易纯净学生的心灵，激起学生的共鸣，让死板、枯燥的德育课变得感情丰富，打动人心。我国孝文化提倡感恩，感恩正是高职院校德育的应有之义，孝文化提高了感恩教育的实效性，通过弘扬传统孝文化有利于大学生的情感养成，也为社会尊老爱幼的风气提供了感情基础，让高职院校德育工作与社会实际紧密结合，提升了高职院校德育的实效性。

家庭美德的传承有利于提升社会稳定度，有利于增强家庭凝聚力，有利于增强大学生的个人竞争力，有利于优化个人价值观。同时，当代大学生在五年或者十年之后都会为人父母，实施感恩教育，传承家庭美德不仅教育了他们本身，也为他们养育下一代做好了情感上的铺垫，让他们日后成为更优秀、更有责任心的父母。

第五章　中国优秀传统文化在高职生德育教育中的运用

文化与德育密不可分，将中国优秀传统文化纳入高职生德育的范畴是时代发展的客观要求。德育应该让高职生领悟到古之圣贤言论，耳濡目染、潜移默化地对其人格、品德、观念进行培养，使其将所学内化为自身的道德品质，从而提高德育水平。本章分为中国优秀传统文化在高职德育中的隐性彰显、中国优秀传统文化在高职德育中的运用实效两部分，主要包括高职德育中传统文化隐性教育的载体、传统文化隐性教育的重要意义等内容。

第一节　中国优秀传统文化在高职德育中的隐性彰显

一、高职德育中传统文化隐性教育的载体

在高职德育中，传统文化隐性教育的彰显载体是指传统文化思想隐性教育彰显的途径和手段。一方面，传统文化教育作为德育的重要内容，其隐性教育的表现形式和隐性德育的表现形式必然有着相同之处，因而可以借鉴。另一方面，由于传统文化是一特殊而具体的德育资源，其彰显的形式又必然有着自己的特点，从而要求其相应形式的探究。传统文化隐性教育的彰显形式主要有：教师的个人素质、开设的专业课程、学校的物质环境、传承的校园精神和校内的网络传媒。

（一）教师的个人素质

所谓“身教最为贵，知行不可分”，这强调了教师在“行”上的重要性，从根本上讲，就是强调教师在教育过程中个人素质的重要影响。教师的个人素质主要通过其学识、能力与道德素养来彰显。在教育过程中，教师不仅向学生传授知

识和技能，而且教师的言行举止、价值观念、道德品质、敬业态度、进取精神和团队精神等，对学生世界观、人生观、价值观的形成，对学生思想品质和个性品质的发展都会产生持久的感染和熏陶，有时甚至会伴随学生的一生。对教师个人素质的要求在一定程度上成了关乎学生成长发展的要求，教师的道德素质、治学态度、价值理念等外化而成的言行举止，是学生模仿学习的主要对象，会对学生产生深刻而直观的影响。中国优秀传统文化则通过作用于教师的道德品质、价值观念和个人知识能力等，来内化成教师的个人素质，表现为教师的人格魅力，从而达到隐性德育的目的。

教师的人格魅力能有效地激起学生的效仿行为。心理学研究表明，学生对教师具有效仿性。教师的思想观念、处世态度，甚至教师的讲话习惯、日常细小的行为举止，都会成为学生效仿的对象。而具有人格魅力的教师更是会对学生的成长产生深远影响。因为具有人格魅力的教师的行为举止具有榜样性，它是人追求自我行为完善的理想榜样。高职生不仅会自觉仿效教师的言行，更会借鉴教师对事物的观点、看法，教师对科学、正义、生活的态度，以及他们对事业、工作的责任感。很多时候，这些比理论性的德育知识教育更加生动、更能深入人的内心而更具有说服力。可以说，具有人格魅力的教师的一言一行发挥着隐性影响源的作用，时刻影响着学生的价值取向和行为方式。正因为如此，高职院校应加强教师的素质教育，提高教师中国优秀传统文化思想的内化与外化的能力，彰显他们的人格魅力，以使其对高职生产生积极正面的影响。

（二）开设的专业课程

专设的传统文化课程因学校类别、专业类别不同等原因并不是全面普及的，但它可以内隐于任何其他专业课程中。专业课程教师应培养德育观念，自觉提升自身的德育意识，深入挖掘学科内容与中国优秀传统文化思想的联系，如自然学科教师可挖掘中国古代科学史及先辈们追求真理、严谨治学的执着精神，人文学科教师可阐发传统文化中的伦理价值、人文关怀，从而激发学生的社会责任感、提升学生的道德水平，这样作为高职生主体活动的专业课程学习就为传统文化的德育提供了有效的隐性教育平台。

专业课教师在授课方法上要避免一言堂，要追求互动的、指引为主的教学方式。因此，教师要能站在时代的前沿，与时代前沿对话，不仅在专业上走在时代的前沿，在思想领域、精神文化层面也要走在时代的前沿，以先进的文化、与优秀的传统文化相结合的文化武装自己的大脑，使得文化既是先进的，又是系统发展的，让学生在道德层面上也能够受到连贯的、先进的，又源自传统的教育和感染。

（三）学校的物质环境

学校的物质环境是指包括学校建筑、自然环境和人文景观等在内的物质实体构筑的校园空间。高职院校的德育活动是在一定的空间中进行的，富有艺术感的校园建筑、优美的环境设施，并非毫无生命和感情色彩的客观存在，它们对学生品德的形成、个性的发展有着潜移默化的作用和影响。苏联教育学家苏霍姆林斯基就说过："一所好的学校连墙壁也能说话。"可见，校园的物质环境在高职德育中有着重要的作用，其"润物细无声"的作用方式，不仅能起到陶冶情操、启迪思想、规范行为、激励上进的作用，更有着重要的象征意义和陶冶功能，可以调节和规范行为，形成奋发进取的精神面貌，提高审美情趣和道德认识水平，全面提升人的道德素养。

高职院校物质环境作为中国优秀传统文化的主要彰显形式，主要通过在校园物质环境建设把人文资源、传统文化知识融进校园的每一个角落来实现。

对此，在校园的硬件建设上大有文章可做。比如，校园中的花草树木、教室、走廊，都可考虑挂靠富有哲理性的诗句警语；而建筑物、道路的风格和命名，既可以具有知识性，又可以具有教育性；还有校园"名人堂"、校园中先贤人物塑像、楼道的名人画像及其名言等，都可以加以利用。这种文化环境的建设别具匠心，使具有生命灵性的人文精神承载于有形的物体中，和自然风景和谐统一，让学生在浓厚的氛围中受到教育的启迪和品性的塑造，对高职生思想政治与道德品质的形成有着重大的作用和影响。

现代高职院校，种植具有人格象征意义的花草树木，使得校园的自然风景有了文化的意蕴，建设教育性人文景观，如富有爱国主义和高尚情怀的屈原塑像、具有博大中国传统文化内涵的"中华儒教园"、具有东方园林艺术魅力的仿东汉洛阳太学庭院的太学广场等，均是继承和弘扬中国优秀传统文化、培育高职生人文素质和民族精神的有力载体和彰显形式，使学生们的思想道德在潜移默化中受到感染和熏陶，从而达到德育教育的目的。

总之，学校的物质环境和传统文化在各方面的融合，对高职生产生着潜移默化的影响，是高职院校隐性德育不可忽视的重要因素。学校的建筑设施、园林绿化以及各种装饰，不仅具有实际的使用价值，而且具有象征意义和陶冶功能。

（四）传承的校园精神

传承的校园精神作为高职院校传统文化隐性德育的形式之一，主要是指由学校传统、教学理念、师生关系、学习风气等凝练而成的富有学校特色的精神。它反映并体现了学校成员共同持有的道德情感、价值体系、行为模式和目标追求。它散播于校园各个角落，时刻无形地作用于高职生的价值理念与思想道德，影响着学生的学习、生活方式，规范着学生的言行举止。学校的校园精神是学校师生在长期的教、学实践活动中，通过有意识的倡导强化，并经历史的沉淀、选择凝练而成的，它所传承、倡导的价值理念和思想道德通过校内的各种环境因素及学校师生而得到彰显，从而赋予学校以特有的个性魅力。

传承的校园精神中校风是主要的构成要素。所谓校风就是一个学校本质特性和精神面貌的集中反映。良好的校风是一种无形的力量，它充满于整个校园，时刻作用于高职生，自觉地抑制和改变学生不符合规范的行为和作风，使他们的言行举止符合学校要求。在校风中，更为细化的班风对学生行为也有强有力的纠偏作用。它能使学生不断调整自己的思想和行为来符合所倡导的价值理念。总之，在这种无形而强大的力量作用下，学校所倡导的价值理念和行为规范就会被内化为学生内在的意识律令，从而使学生形成符合要求的价值取向和行为习惯。

中国优秀传统文化是培育和凝练校园文化、校园精神的重要资源。传统文化中所蕴含的价值理念、精神态度、行为取向，在现代高职院校文化和精神中都有所彰显。

高职院校的校园精神是经长期积淀、选择、凝练发展而成的，其所倡导的价值观念、学习态度都具有传统性的特点，与传统文化思想有着比较深入的融合。对此，高职院校要充分挖掘学校自身历史传统的宝贵资源，再结合学校发展战略和规划，根据学校办学思想和理念，努力凝练具有时代特征和学校自身特色的校园文化精神。新时期的高职院校建设，应当提升高职院校的育人理念、志向和精神境界，不断增强学校的文化底蕴，并通过本校文化的传播和精神的沉淀，发挥本校文化和精神对学生巨大的感染力、渗透力和熏陶力，从而起到凝聚人心、激励斗志、鼓舞士气的作用和效果。

（五）校内的网络传媒

网络作为当今越来越重要的传播途径，也是中国优秀传统文化必须占领的教育阵地。校园网络作为高职生德育的隐性教育载体理应将优秀的传统文化纳入其中，如富有内蕴的网络版面设计、彰显文化的网站栏目代替教师的生硬说教会更具有实效。例如，上海高职院校中逐渐普及的“易班”网络教育平台就为传统文化的表达提供了良好的平台，用学生喜闻乐见的方式，为学生提供了一个自我追求、自行挖掘传统文化的载体，更能有效提升学生的道德内在水平。

近年来，微博、微信等社交平台也成了很多高职院校的新宠，这些更贴近学生生活实际的形式成了优秀文化传播的新平台，各大高职院校经常会在相应平台上分享学校的人文景观、校训历史、文化传统、文艺争鸣等内容，这些都是很好的隐性教育的范例。将传统优秀文化与现代信息技术手段相结合，已经成为越来越受欢迎的隐性教育的手段，是一个可以不断发展和不断完善的新的平台。

二、高职德育中传统文化隐性教育的重要意义

引进隐性教育这一新的教育方法，让中国优秀传统文化在德育内容的广度和德育实效的深度上都得到加强。新时期加强传统文化的隐性教育，不仅有利于优秀传统文化的传承，更重要的是，高职生会在悄无声息的环境下受到其熏陶和影响，从而轻松有效地实现德育的目标。

（一）有效顺应高职生的接受心理和主体意识

我国的高职生在中小学时期均接受过多种形式的思想品德教育，初步形成了淳朴友好、积极向上的道德品质，但他们步入高职院校后，接触社会的机会增多，他们原本不坚定的道德品质就很容易受到社会中一些负面现象的影响，若再像中小学时期那样对高职生进行类似的道德宣教，势必引起他们的心理抵触，起不到应有的教育作用。对此，采用中国优秀传统文化进行德育在一定程度上可以克服这一弊端。因为优秀传统文化是我们共同的价值追求，新时期的高职生不仅具有这些文化基因，而且他们也是在这种文化氛围中成长起来的。

高职院校教育管理者有意识地精心设计具有教育价值的、富含传统文化的文体活动，使学生在参与文体活动中受到感染，逐渐影响他们的思想。这种接受教育的非目的性方式能大大弱化高职生思想“防护层”的阻碍作用，从而有效减弱他们的逆反心理，使教育“随风潜入夜，润物细无声”。

举例来讲，“元九登高节”是四川省达州市特有的民俗活动，据说是为了纪念唐代大诗人元稹。“元九登高节”这一传统民俗活动对地方高职生而言具有较大的德育价值。组织地方高职生参加类似的民俗活动，可以让他们深切体验到人

民群众对仁者、廉政的极大崇尚，促使他们认真学习先贤遗风，激发他们的主体意识，把这种精神作为自己的人生价值追求。

（二）全面作用高职生的学习环境和生活空间

中国优秀传统文化的隐性教育因内容的广泛性，教育方式的潜隐性，能完全覆盖广大高职生的学习环境和生活空间，正好可以弥补传统显性教育的不足。众所周知，传统文化内容博大精深，形式丰富多彩，借助校园的隐性教育资源，其深厚的人文内涵可以彰显于校园的每个角落，其道德思想、价值理念可以融入各种生活环境的因素中，通过生活环境对高职生的思想形成产生作用。因此，传统文化的隐性教育完全可以突破时间和空间的限制，填补传统德育因依赖课堂教学而无法有效作用于高职生的学习环境和生活空间的不足，进而全面深入地影响高职生的思想理念和行为规范。

中国优秀传统文化的隐性教育渗透于高职校园的每一个角落，不仅可以通过常规的课堂教学、生活的服务和管理来发挥作用，还可以通过校园的物质环境、精神环境和网络环境等，对高职生产生潜移默化的影响，使高职生在不知不觉中接受德育教育。传统文化采用的这种渗透式教育，讲究心理上的自然性、娱乐性、主体性，让高职生在不知不觉中受到教育，在自然熏陶下受到感染，因而能够有效地规避学生的逆反心理，使教育内容能渗入高职生的心灵深处，使其在潜意识下受到教育。

三、高职德育中传统文化隐性教育的对策

隐性教育是我们探索的高职德育工作中一种新的教育方式，它对我们提高高职德育工作的有效性、拓展德育空间有着极其重要的作用，也是显性教育方式的重要补充。

（一）教育方式层面

从教育方式层面来看，高职德育中的传统文化隐性教育要重视丰富德育工作的方式。

1. 注重显性教育与隐性教育相结合

高职德育是一个系统性的工程，有赖于显性教育和隐性教育的有机结合。因此，要提高高职德育的实效性需要充分发挥两者各自的特点和功能，不能用

一个代替另一个，也不能用一个排斥另一个。长期德育实践也表明，培养学生良好的道德素质和健全的个性品格需要靠显性教育与隐性教育的相互配合以及共同作用。

一方面，必须坚持完善显性教育。虽然传统文化教育理论包含许多隐性教育的内容，但也从来不乏对显性教育的重视。孔子曰："君子不重则不威；学则不固。主忠信，无友不如己者，过则勿惮改。"他强调学习，要交那些道德素质比自己高的朋友，要知错能改。类似这样直接表明怎样向更高的道德境界进发的言辞还有很多，不断鼓励着莘莘学子向圣人靠拢。

在现代社会，高职院校以课堂教学为主的显性教育是高等教育大众化发展的结果，有受众范围广、效果明显等优点。但显性教育也存在比较明显的问题，如教学方法单一、创新不足、教学内容滞后等，因此完善显性教育具有必要性。

如何完善显性教育呢？创新和发展德育课堂教学方式是关键。当今社会，多元价值观共存的社会环境使高职生价值观遭到冲击甚至部分学生出现道德缺失行为，其中一个重要原因就是显性教育对以德为本的价值观的教育方法不符合学生的需求和时代的发展。因此，课堂教学方式的完善是解决显性教育作用不足的重要一环。而要完善课堂教学方式，需要在教学内容和教学方法上加以改革，以适应新时期德育发展的变化和高职生德育的需求。

教学内容方面，高职院校的课堂应及时更新教学内容，加强与现实的联系，这样才能更吸引学生的目光，达到更好的教育效果。作为传统优秀文化代表的儒家关注的正是现世的生活，"礼乐射御书数"也都是为了适应当时的社会生活而开设的。德育不管是以前还是现在，培养融入现实社会的人才都是其重要的目标，而学生常常只对和其处于相同或者类似社会条件下的人物、事件才有身临其境、感同身受的感觉，如感动中国十大人物等，学生会主动关注并自觉向这些具有高尚道德情操的人物学习。因此，强调德育教学内容的更新以及与现实生活的密切联系，有利于抓住学生的目光并真正深入他们的内心。

教学方法方面，高职院校的课堂应增加多样性教学方法，发挥受教育者的主动性和能动性。孔子作为传统思想文化的代表经常让学生各抒己见，最后自己进行总结和概括，这和我们强调的学生讲、老师评，学生合作讨论、教师总结点评等授课方式一样，注重的是学生学习的主体性。实践表明，在这个信息社会，随着学生的法律意识、自主意识、创新意识日渐提高，本着以学生为主的原则，充分发挥学生学习的主动性和参与性，转换教学方法，能够更好地达到教学相长的效果。

另一方面，要充分重视和发展隐性教育。隐性教育主要包括榜样示范、实践教学、制度制约、艺术熏陶等隐性教育方法。与显性教育不同，隐性教育是通过潜移默化的方式实现的，其效果呈现往往需要一个较长的过程。当然，隐性教育的效果也具有持久性。发展隐性教育，需要坚持不懈的长久努力才能够发挥作用，而这其中离不开制度、资金、人力等方面长期持续的投入。

制度建设方面，高职院校需要完善教学系统中的各种规章制度，将隐性教育贯穿教育的全过程。例如，加强隐性教育队伍建设，对创新隐性教育方法的教育者提供制度支持和物质保障，强调教育者对教学目标中德育目标的重视，对学生学分的具体规定参考学生的意见等。特别要注意对教学目标的强调，例如，将提高学生的人格素养加入语文的课程目标，将提高学生的求真科学精神加入数学的课程目标等。长此以往，隐性教育理念自会自然而然地深入每位教师的内心。

资金投入方面，隐性教育相关课程的完善、环境建设等需要长期大量的资金投入。现有的隐性教育方法已有一些，但解决其存在的问题需要投入大量的资金。就像学生学习热情不断提高的音乐等艺术课程，不管是人员配备还是设施、器材都需要投入不少的财力。还有受到学生广泛欢迎的实地参观和考察，也离不开资金的支持。再有，创新隐性教育方法也少不了资金的支持，例如，旋转课堂等新的教学方式，需要资金、制度和人力物力等各方面的协调合作才能发挥作用。

人力方面，隐性教育活动的方方面面都离不开教育者，因此，加强德育工作者队伍建设和提高德育工作者专业素养十分重要。如学校社团，由于大多是学生自主创办的组织，在发挥隐性教育功能的同时也容易因为缺乏经验出现问题，这就需要培养、配置专门的教师或者指导人员进行专业指导，以此才能使社团保持长久的活力，发挥更大的功能。

在高职德育实践中，显性教育和隐性教育原本是不可分割的统一体，显性教育中包含隐性教育的因素，而隐性教育往往有一个显性的教学目标。因此，提高德育的实效性需要同时完善和发展显性教育和隐性教育，利用好课堂内、课堂外两种手段，全面、持续地对学生施加一致的影响，如此才能形成教育合力，更好地引导和促进学生的全面发展。

2. 身教胜于言教

在我们的印象中，德育知识的传授普遍以教师的讲授、讲道理为主，这样的情况会使学生认为德育是“假大空”，没有实际的内涵，学生也多厌倦或敷衍，不会没有身体力行。在现实生活中，如果我们多以实际行动影响周围的人，教育效果肯定事半功倍。因此，在德育工作中要更重视身教。

“身教胜于言教”教育方式，可以从美国心理学家阿尔伯特·班杜拉的社会学习理论中找到理论依据。班杜拉重视观察学习、自我调节的重要作用，认为这会对人的行为产生重要影响；同时他也认为，环境与人的行为之间是相互作用的。

班杜拉认为，人的行为的习得有两种方式，一种是直接经验，另一种是通过观察他人的行为而获得的，即“通过示范所进行的学习”。

这种观察学习有四个阶段，分别是注意过程、符号形式表象化、表象转换为适当的行为、行为结果。这四个阶段为我们展示了人们间接行为习得的过程。这个过程说明了人的多数行为是通过观察别人的行为和行为结果而学习到的。既然人的行为是通过观察学习他人示范而习得，那到底能习得何种行为，以及这种行为该有什么样的表现，这就需要依赖榜样的示范作用了。示范者如何，对学生行为的习得将会产生重要影响。因此，在高职德育工作中，高职德育工作者不但要重视言教，更应重视身教，为学生树立一个学习和模仿的榜样，对学生产生潜移默化的影响。

（二）教育环境层面

隐性教育通过对学生无形的影响产生作用，因此，营造良好的德育氛围至关重要，而良好的气氛需要适宜的环境才能形成。不管是大环境还是小环境，宏观环境还是微观环境，对于隐性教育效果的发挥都非常重要。因此，营造好、利用好制度环境、物质环境、人文环境等，才能在最大程度上给予学生好的道德影响。

1. 营造良好的制度环境

周公制定周礼，孔子克己复礼。在传统社会，“礼”通过国家制度层面的硬性规定来约束人们的行为。隐性教育的发展也应该有类似的措施，即需要将隐性教育理念放在国家战略高度上，使隐性教育这一名词在全社会得到重视和关注，为高职院校开展隐性教育活动提供便利条件。

目前，国家虽然已出台一些政策性、指导性文件，但可以进一步完善相关制度。例如，加大政策支持和投入力度，利用网络、电视、广告等各种有效的手段强调隐性教育的重要性，形成全社会关注、全社会实践的隐性教育环境。就像“福娃”公益广告，因为其形象化、生活化的形式得到了老中青几乎全部年龄段的支持和响应，在弘扬社会主义核心价值观的同时加深了人们对传统文化的了解和认同，更在无形中影响了人们生产生活的方式，使人们的内心世界悄无声息地改变着。

除了国家政策支持，高职院校作为德育活动的设置者、领导者，也应该发挥积极主动性，为隐性教育活动的开展创造良好的制度条件。高职院校可以加大对隐性教育的人力、物力、财力的投资力度，增强各科教师对德育教学目标的重视。《学生手册》的编写也应该根据具体情况参考学生的意见和增加学生的参与。例如，创新学分、暑期实践学分，项目的种类、分值的分布等的确定都应该得到学生的支持和积极的参与。

2. 加强对校园物质环境的建设

“夫大人者，与天地合其德，与日月合其明，与四时合其序”，“名声若日月，功绩如天地”，“天地之道，博也，厚也，高也，明也，悠也，久也”，自然景物蕴含的美与善可以潜移默化地提高学生的审美能力，熏陶其高尚人格。因此，高职院校物质环境建设应该坚持“科学性、教育性、艺术性和经济性的结合”。然而，很多学校“校长室向老板室看齐，校园向公园看齐，操场向娱乐广场看齐……学校倒是洋气了，但书卷气却越来越少”。因此，改善这样的情况，既要提高物质环境的艺术性和观赏性，也要提高物质环境的教育性。

一方面，高职院校不需要种植很多名贵的花草，也不需要太多的浮华装饰，而是要注重其整体的美感，一个美丽的校园应该是一幅舒展的画卷，又如一部无字的书，即使是毫不起眼的一株小草也能以默默无闻的奉献精神来感染学生。

另一方面，要提高物质环境的教育性，在增强校园美感的基础上增加其教育性，以此提高学生的人文素养。例如，一些学校利用传统元素制作的古风路牌、指示牌，在墙壁上画的水墨画、写的古诗词等，在装饰校园环境的同时提高了学生的想象力、创造力，也可以在无形中增强学生对传统文化、民族精粹的探究和了解，提高他们人文素养。

3. 营造良好的人文环境

在中国传统思想中，倡导“老吾老以及人之老，幼吾幼以及人之幼”的尊老爱幼的德育环境。高职院校既可以从小的方面（如班级），也可以从大的方面（如学校）来营造好的人文环境。

从班级入手，增加学生的班级凝聚力，逐渐辐射到学院，进而扩展至学校，由小及大，从而提高学生对整个学校校园文化的认同感。例如，给予免费提供法律援助、免费辅导农民工子女功课等做各种志愿服务的学生支持，给予学生自主组织的篮球、羽毛球等体育比赛鼓励和资助，不仅有利于增强学生智力、体力等方面的素质，也有助于提高他们为人处世、待人接物的能力，更可以让他们感受到合作、奉献带来的满足感和幸福感，从而养成健康的身体和好的习惯，以及积极乐观向上的生活态度。

学校层面，可以通过各种趣味活动、知识竞赛、歌唱比赛等方式深化学生对校训、校歌等校园文化精神的了解和认同，也可以借助校庆、开学典礼、毕业典礼等活动营造属于自己的校园文化。例如，有些高职院校在新生入学时给送孩子上学的父母免费提供床铺和住处，有些高职院校在学生毕业典礼时规定必须有亲人现场参与，等等，这些活动不仅可以增加父母对高职院校的满意度，提高学生对学校的认同感和自豪感，还有利于促使学生反思自己对父母、对长辈的态度，提高其尊敬长辈、孝顺父母的意识和责任，可谓一举多得。

隐性教育强调的是对学生无形的影响，而不是外在的强制约束，所以对环境营造的要求非常高，好的环境可以达到事半功倍的德育效果，而坏的环境则可能使之前所有的德育成果瞬间化为乌有。所以，不管是制度环境还是物质环境，抑或是人文环境，都需要得到高职院校德育工作者格外的重视，从小到大、从里到外，不断感染学生的内心，使其时时刻刻感受到校园环境中无处不在的人文关怀，从而不断内化和完善自身的人生观和价值观，为以后在社会上安身立命打下坚实的基础。

（三）教育实践层面

这里的教育实践主要是指教学互动。互动层面指的是教学过程与生活过程中的师生互动。在师生互动过程中，“师”居于主导性地位，其掌握和控制着隐性教育的内容、方式、评价、目标等方面的内容，且其有意识或无意识的行为对学生的德育效果也会产生重要的影响，因此，加强教师在中国优秀传统文化隐性教育方面的主导性作用是互动层面最主要的内容。

首先，在新的社会环境中，德育主体延伸到高职院校每位在职教师身上，合格教师的标准已不仅仅是关注学科、专业的教学，更重要的是要关注人类优秀文明和先进文化的传播，注重学生的成人与成才。在教师已树立这种中国优秀传统文化隐性教育自觉性意识的前提下，不仅要将中国优秀传统文化的德育内容融入系统的课堂教学这种显性教育方式中，而且还要将其与校园精神、校园环境等各种非正式因素的教育资源进行结合，精心营造课上课下相统一的德育环境，使得高职生通过自身的体验和感受收获道德的洗礼。

其次，教师自身传统文化素养的加强，以正身立德为范的榜样性也是中国优秀传统文化隐性教育的必要条件。英国思想家洛克认为最简明、最容易且最有效的教育方法是榜样的渗透性、隐蔽性教育，这可以使学生在无言中自觉进行自我教育。教师树立言传身教的理念，将传统文化的精华内化于自身的言行举止中，使得自身的表率成为隐性教育的重要元素。

第二节　中国优秀传统文化在高职德育中的运用实效

一、爱国主义和民族精神的强化

强化爱国主义和民族精神是高职德育的重要目标。中国优秀传统文化是以爱国主义为核心的团结统一、爱好和平、勤劳勇敢、自强不息的民族精神的源头活水。

中国优秀传统文化融入高职德育的工作中，一方面可以帮助高职生树立民族自信心，增强民族自豪感，因为中国优秀传统文化是中华文明生生不息的关键元素。在中国优秀传统文化融入高职德育工作的过程中，高职生可以通过对传统文化历史演进的掌握，了解我们中华民族伟大而曲折的发展历程。

另一方面，可以激发高职生的民族认同感，培育高职生的爱国情怀。爱国主义是高职德育的一个永恒主题，无论时代如何发展，社会如何进步，爱国主义永不褪色。通过中国优秀传统文化融入高职德育的工作，可以使高职生直观地深度了解中国优秀传统文化的魅力以及中华文明的独特之处，增强高职生对祖国的无限热爱。

二、道德修养和审美能力的提高

（一）道德修养提升

中国优秀传统文化本质上是做人的文化，在高职生心中种下圣贤文化的种子后，他们的道德认知、道德情感、道德意志、道德行为就会生根发芽。

高职教育阶段是读书的黄金时期，让高职生大致浏览和把握中华文明中最经典、最精华的内容，这已经不是一种单纯的读书行为，它对高职生良好德性的养成具有深远意义。

一位李姓同学在“我读古诗文征文中”这样写道：“诵读中华传统美文，是对我们高职生进行品德教育的有效途径，因为这些优美的诗句不仅读起来朗朗上口，使我们领略到古代诗人的风采，而且诗句里蕴含着深刻的道理，它教给了我们如何立志、怎样做人的道理，这些道理使人深思，时时激励我进步。现在，我们自觉主动地学习，并立下了远大的志向，在家里，我尊敬长辈，听从父母指导，妈妈说我长大了，懂事了。我想这是我诵读古诗文后取得的进步。”

（二）审美能力提升

中华民族在五千年的文明史中，创造了人类历史上具有永恒魅力的美，形成了我们民族特有的美的传统。中华文化蕴含和谐美学、君子美学，讲究天人合一、气韵生动、妙悟和意境，要求具有纯洁高尚的道德感，注意审美的社会价值，反对沉溺于低级无聊的感官享受，这些审美精神帮助高职生树立了审美理念，提高了他们的审美感受力、审美鉴赏力和审美创造力。

一是崇尚自然的审美趣味。中国优秀传统文化是非常崇尚自然美的一种文化,强调人与自然的统一。在一次面向高职生的问卷调查中,被问及“自然风光”“民族音乐与舞蹈”“唐诗宋词”“工艺美术”“高尚的人格”“流行时尚的事物”中哪个更美，从学生的回答来看，他们更愿意选择“自然风光”。不少学生在读了《庄子》、了解道家文化之后，在学习了山水画、花鸟画之后，在熟读背诵唐诗宋词之后，越发感受到了大自然生生不息的运动力量的美，欣赏、赞叹大自然在空间上和时间上的宏伟、永恒。

二是美善统一的审美标准。中国优秀传统文化强调美学在伦理道德上的感染作用，强调美与善的统一。调研中，面对“你对美如何理解”的问题，一位非常崇拜家乡名人屈原的学生讲起了他对美的理解：“我推崇屈原之美，屈原就是美的杰出代表，他将通天地之大美大善集于一身，是内在美和外表美的统一。他既有忠贞、爱国之内美，又有芰荷、芙蓉、香草之外饰，连餐饮之物也是高洁美丽的，‘朝饮木兰之坠露兮，夕餐秋菊之落英’。他的《楚辞》比《诗经》更富有表现力，既能曲尽缠绵宛转之情，又增强了抑扬顿挫的音乐美，更富有文采。楚辞之美就是楚文化之美，更是中华文化之美，我为家乡有这样伟大的人物感到无比自豪。”

三是高雅脱俗的审美情趣。无论国画、戏剧曲艺还是书法、园林雕塑艺术，对“韵”的追求都是婉约高尚的，这些艺术都是高品位的代表。高职生在慢慢领略这些高雅美的过程中，就会逐渐扭转低俗文化带来的审美盲目化、庸俗化、崇洋化等倾向。目前，低俗文化为了吸引高职生的注意，把人类低俗卑污的特征进行合理化的解释与传播，使得高职生的审美水准低俗化。

传统人文美育通过乐教、诗教、书学、画学等，使高职生的审美情趣在诗词歌赋琴棋书画的学习熏陶中，日益高雅脱俗。调查表明，有53%的学生喜欢听中国古典器乐，其中12%的学生表示“很喜欢，听得很多，甚至可以辨别出曲名”；有73%的学生可以区别一般的书法字体，如行书、草书、隶书、篆书，有64%的学生可以体会到传统书画艺术的美。

三、人际关系与心理健康的促进

（一）交往能力提升

人际交往是思想、情感、态度、信息和学习的交往。人际交往能力的高低会决定一个人将来的发展程度。当前部分高职学生在人际交往中面临着很多问题，由此产生许多烦恼，这就需要运用中国优秀传统文化的力量进行评价与调节，帮助学生正确认识自我，找到自己的社会位置，扮演好自己的社会角色。中国优秀传统文化中蕴含的重视人际关系等文化资源，充分体现了中华民族祖先的智慧，对当今高职学生处理好人际交往问题、提升交际能力具有积极的意义。

在人际交往过程中，中国优秀传统文化强调“严于律己、宽以待人”，强调“己所不欲、勿施于人”，这对高职学生具有积极的指导意义。目前部分高职学生由于家庭环境的优越，从小就形成以自我为中心的思维和行为方式，在人际交往过程中表现出自以为是、缺乏顾及别人想法和感受的行为。中国优秀传统文化的指导，使学生学会自我反省，培养学生勇于担当的责任心，使学生学会从多方角度思考问题，学会推己及人、尊重他人、充分考虑对方的感受。学生在中国优秀传统文化教育中学会做人，有利于其成长与进步。

（二）健康心理形成

心理卫生一直以来都是我国教育关注的重点。当今社会，学生的心理较易出现问题，升学、就业、恋爱、生存等方面的压力给高职生造成了不小的心理负担和困扰。如何防止心理问题的出现和扩大，如何培育健康健全的心理与人格是目前高职德育工作中不得不面对的关键问题。

高职德育可以利用中国优秀传统文化的精华，培养学生良好的道德情操以及积极乐观的心态，加强学生和他人的沟通交流，进而有针对性地解决学生所遇到的心理问题。

例如，笔者在做调查问卷时所了解到的一名学生，他所在的班级里同学之间对物质生活的攀比十分严重，而他深陷其中，且形成了很强的妒忌心理。后来通过学习中国优秀传统文化，他从中有所感悟，及时调整了自我的心态。他从《弟子规》中摘出这样一段话作为自我的勉励："见人善，即思齐；纵去远，以渐跻；见人恶，即内省；有则改，无则警。"

除此之外，学习中国优秀传统文化亦能磨炼学生的品行，锻炼学生的意志。在传统文化中，书画、音乐的学习都十分需要耐心和毅力，学习这些传统文化中的优秀技艺，能丰富高职生的日常生活，提高他们的艺术素养和个人情操，对他们心理的磨砺也是十分有帮助的。而且，在这一过程中还能领悟到中国优秀传统文化所散发出的智慧和道德的光辉。

四、行为习惯与思维方式的优化

（一）行为习惯养成

著名教育家叶圣陶先生说："教育就是养成良好的习惯。"从一定意义上说，习惯就是素质，培养良好习惯，是对高职生进行素质教育的重要途径，也是幸福教育的根源。中国优秀传统文化对高职生良好习惯的养成有重要作用，调查表明，绝大多数的高职生认为学习传统文化后，会改掉一些不良习惯。

第一，诵读经典对高职生行为习惯的改变。"首孝悌，次谨信，泛爱众，而亲仁，有余力，则学文"，是一位同学诵读经典后立志做到的。家长和老师反映，经典诵读之后，这位同学在家里对长辈都是说敬语，不顶撞父母，对爷爷奶奶也很尊重，在学校尊重老师，对老师恭敬有礼。可谓是做到了孝亲尊师。其母亲介绍说，这位同学小时候是很调皮的，经常不尊敬爷爷奶奶，不尊重老师，还常常让同学们难堪。现在整体来说是个懂事明理的孩子，常常能做到"怡吾色，柔吾声"。

第二，书法教育对高职生行为习惯的改变。某高职院校的书法艺术教育是非常有特色的，他们开展了“书法艺术教育与学生良好行为习惯培养的实验与研究”。研究表明，学校的书法艺术教育让学生养成了认真细致的品质，克服了调皮、马虎、粗心、浮躁的毛病，在全校学生、家长及教师中得到了认可。

（二）思维方式优化

现在的高职生有着极强的个性，部分学生由于家庭过分的溺爱而更加自私和以自我为中心，缺乏容忍度，容易冲动，自我控制力弱，常常容易走极端。中国优秀传统文化中自省的内求方式和中庸之道有利于高职生改正这些缺点，让他们越来越懂得自我管理和自我塑造，能够对他们正确分析解决问题产生积极影响。

第一，“行有不得，反求诸己”。孟子说：“行有不得，皆反求诸己。”任何行为如果不成功，都应反躬自问，好好检查自己。自省是自我认识的开始，有了自我认识才会对自己形成正确的评价以及进行有效的改造。

举例来讲，罗姓同学的母亲以前不会站在别人的角度考虑问题，出现问题总在别人身上找原因。2009 年一次偶然的机会，她接触到了传统文化。儒家的《论语》《易经》，佛家的《了凡四训》都是她学习的内容。在深入学习之后，这位母亲对传统文化有了一定的认识，并且认识到孩子不听话的行为很多都是父母造成的。当她真正躬行了孝道、学会了包容，家庭的氛围也在不知不觉中发生了变化。婆媳关系、夫妻关系和谐了，家里有了笑声，随处都涌流着浓浓的爱意。这些都在潜移默化地影响着孩子。

这位母亲说：“传统文化最重要的就是孝道，但是仅仅做到了孝道，对孩子还是不够的。我得爱孩子，给孩子自信，如果我自己本身做好了，相信孩子会一天天转变的。”这位母亲提到，原来班主任打电话报告孩子在学校打架了，她都不问缘由地打骂孩子。现在则是学会理解孩子，站在孩子的角度想问题，包容孩子，爱孩子，传递正能量。现在，罗姓同学由原来的与父母亲吵架、离家出走、厌学、抽烟、喝酒、上网，甚至还“擂肥”（武汉方言，泛指通过恐吓、威胁等手段非法获取他人钱财），逐渐转变为了一个端庄娴雅、知书达理、落落大方的女孩子。

第二，“执两用中，不走极端”。中庸之道是传统文化的精髓，告诉人们要不偏不倚、执中适度，不做过头的事，对中国人产生了深远的影响。一位爱好传统文化的大学教师蔡老师最喜欢《中庸》中的这句话，“喜怒哀乐之未，发谓之中，发而皆中节，谓之和。中也者，天下之大本也。和也者，天下之达道也。致中和，天地位焉，万物育焉”。她说：“太过、太不及，都必然导致很多的矛盾和冲突，每天给自己制造更多的烦恼，而如果能够处于一个‘中和’的状态，就能够自主自立、靠近幸福。”中庸的思维方式不仅对成年人起作用，对高职生也有一定影响。一位李姓学生说：“现在社会太复杂，防人之心不可无，但是我们同时也要秉承传统文化的精华，乐于助人，与人为善，以信取胜。”

从中国优秀传统文化融入高职生德育所产生的影响和效应来看，绝大多数学生都不同程度地受益，中国优秀传统文化对高职生民族精神的认同、道德境界的提升、心理素质的锤炼、交往能力的提高、文明行为习惯的养成、思维方法的培养、审美能力的陶冶等都能起到明显的正向作用，这让我们进一步提升了对这项工作的意义的认识，也增强了做好这项工作的信心。

第六章　中国优秀传统文化与高职生德育相融合的原则和路径

当前各种思潮涌入高职院校，不断冲击着高职生的人生观、价值观，这就迫切要求我们不断改良德育工作的方法，将中国优秀传统文化融入高职德育工作中，通过融入来引领高职生的核心价值观，促使他们成为中国优秀传统文化的追随者、传播者、实践者和发展者，从而培养大批合格的社会主义事业接班人。本章分为中国优秀传统文化融入高职生德育的实施原则、中国优秀传统文化融入高职生德育的路径两部分。

第一节　中国优秀传统文化融入高职生德育的实施原则

一、价值引领的原则

将中国优秀传统文化融入高职生德育，有学者认为，“融入的过程”就是引领当代高职生树立社会主义核心价值观的过程，必须遵循价值引领这一原则。将中国优秀传统文化融入高职生德育，不是另起炉灶，推翻以前高职生德育已有的成果，而是兼容并蓄，将社会主义核心价值观作为当代高职生的精神核心，将中国优秀传统文化这一丰厚的历史遗产融入高职生德育工作中，教育和引领高职生进一步坚定理想信念，凝聚社会主义核心价值，增强民族自豪感，巩固他们的精神支柱，使他们形成为社会主义事业做贡献的理想信念，从而进一步完善当代高职生正确的人生观、价值观。

同时，要注意处理好中国优秀传统文化在融入过程中与社会主义核心价值体系之间的关系，坚持继承与创新相结合，坚持有目的、有规律的结合，以社会主义核心价值体系为指导，以中国优秀传统文化为主体，对高职生德育进行整合与创新。

中国优秀传统文化在融入高职生德育的过程中，最重要的是要以社会主义核心价值体系为指导，全面改进和创新高职生德育工作，努力推动高职生德育教育工作的实践创新，既要在具体的实践活动中落实社会主义核心价值体系的基本要求，又要以实践活动将中国优秀传统文化的文化因子融入高职生德育工作中，同时还要以实践活动为载体，不断用中国优秀传统文化的内容来丰富社会主义核心价值体系的基本内容。对当代高职生而言，要提升中国优秀传统文化对他们价值观引领的有效性，就必须加快中国优秀传统文化融入高职生德育的速度，增强其对当代高职生价值观的整合力，这个整合工作必须结合高职生德育的实践要求。也就是说，通过融入中国优秀传统文化而整合形成的高职生价值观，既能符合高职生的基本需求，又能发挥其实际的引导作用。

在新形势下，高职德育工作应以习近平新时代中国特色社会主义思想为指导，坚持人类教育的取向，强调中心工作，创新德育工作理念，提高工作效率，加强组织建设高职生思想政治教育，努力培养社会主义事业的合格建设者和可靠接班人。中国优秀传统文化融入高职生德育，不断提高德育教育工作的针对性、实效性，积极探索新形势下高职生德育工作的新途径，开创高职生德育工作的新局面。“融入过程”的价值观整合引领也正是新时期高职生德育实现创新发展的动力源泉。

首先，“融入过程”的价值观整合引领是高职生德育坚持正确政治方向的具体表现。中国优秀传统文化融入高职生德育，其融入过程中必将高举中国特色社会主义伟大旗帜，把培养中国特色社会主义事业的建设者和接班人作为根本任务，不断提高高职生的政治素质和文化修养。

其次，“融入过程”的价值观整合引领是高职生德育工作内容不断丰富的体现。中国优秀传统文化这一宝贵历史、文化财富融入高职生德育工作，在引领高职生德育创新发展的同时，也把社会主义核心价值体系作为一个内涵丰富、逻辑严谨、意蕴深厚的有机整体，丰富了新时期高职生德育工作的内容体系，使新时期高职生德育工作具有鲜明的时代性、针对性和实效性。

最后，“融入过程”的价值观整合引领是高职生德育工作途径不断创新拓展的重要体现。中国优秀传统文化融入贯穿到高职生德育的各个方面，就是要不断拓展高职生德育工作的途径、方法，以此来提高对当代高职生进行德育教育工作的效果；将中国优秀传统文化融入高职生德育工作的各个环节，从而实现理论与实践相统一；将中国优秀传统文化融入高职生成长的各个方面，从而形成高职生德育工作的良好氛围，进而从整体上引领高职生价值观的正确形成。

二、以情融识的原则

以情融识的原则主要指在中国优秀传统文化融入高职生德育的过程中，通过特定的情境或者方式营造气氛以激发学生的情感体验而对学生有所启发，使学生有所感悟，达到相应的情感共鸣，从而更加积极主动地探索学习的过程。

传统的德育主要以理论说教、生硬灌输的形式来促使高职生进行道德知识的学习，这种教学方式过于空洞，激发不起学生的学习兴趣，在教育内容上偏政治化，主要培养主流意识形态而忽视高职生内心真实的情感需要，难免流于形式而达不到实际效果。高职生德育是知、情、意、行相互统一的过程，道德认知、道德情感、道德意志、道德行为相互联系，层层递进，作为媒介的情感体验是个体从道德认识上升到道德行为的有效方式，也是道德内化的动力，在中国优秀传统文化融入高职生德育工作中坚持以情融识原则能够提高德育的实效性。

中国优秀传统道德文化教育和高职生德育相融合是一项饶有趣味、具有美学意义的活动，所以需要教育者发挥德育活动本身的魅力与兴味。在教学过程中，尊重高职生的身心发展规律，设计出符合高职生身心发展需要的教学内容和教学方法。可以通过生活化的德育，让道德教育和现实生活联系起来，使德育能够解决高职生现实生活中面对的问题与矛盾，使高职生投身于现实的道德生活中，不断体悟道德的善恶、荣辱，产生相应的情感体验。

中国优秀传统文化教育和高职生德育两者在结合的时候一定要动之以情，引发学生内心深处的情感，因为情感是学生主动探索和保持长久兴趣的重要内驱力。在教育过程中让学生深入体会中国优秀传统文化中先贤们的思想精髓与情感，并把这种情感和现实结合起来，使当代高职生在如何处世、为人、立国方面有深切的感悟而更好地投身实践，避免学生对思想理论产生陌生和枯燥的感觉。

我们可以通过创设情境，将学生导入特定仿真的情境中去感受，激发学生的情感，促使其觉醒与感悟。比如讲到古人的爱国情怀，生于和平年代、物质资源丰富的高职生可能不能很好地感受战争年代为了家国梦想而自我牺牲的高尚爱国精神，那么施教者可以通过创设情境，渲染出当时的环境与氛围，带学生进入特定情境中去体验和感受，这样不仅使高职生能够更好地吸收理解中国优秀传统文化中所蕴含的道德精神，促进道德觉悟，而且还能让他们将这种道德情感与道德精神应用在实践生活中。所以，要坚持以情融识的原则，把德育过程设计成受教育者欣赏美和享受美的快乐过程，在教学过程中让学生主动体验学习，激发他们的道德情感，让他们实现内心共鸣，实现情感的升华、人格品质的内化以及道德行为的外化。

三、批判继承的原则

我国有着五千年的悠久历史，传统文化在历史的长河中不断积累、发展，流传到今日，并且将随着社会的变革发展，一直传承下去，将我们与过去、现在、未来连接在一起。

中国传统文化内涵丰富、外延宽泛，在将其融入高职生德育时，我们要进行有选择性、批判性的继承与融入，要取其精华、去其糟粕，将传统文化中精华的部分融入高职生德育工作中去，而不是进行一个笼统的、囊括性的融入。将中国优秀传统文化融入高职生德育是一个复杂的系统工程，在此过程中，我们要以马克思历史唯物主义为指导，在社会主义核心价值体系的视野下，用融入实践活动来检验中国优秀传统文化。

中国传统文化的价值核心是“中和”，《中庸》有载，“中也者，天下之大本也；和也者，天下之达道也。致中和，天地位焉，万物育焉”，这是整个中国传统文化的核心价值，也是需要我们继承和发展的理念。

中国优秀传统文化批判地融入高职生德育工作，要求我们做到以下三点：第一，发掘中国优秀传统文化的家国情怀，提升当代高职生的政治素养，增强他们的国家认同感；第二，发掘中国优秀传统文化的道德理想，完善学生道德修养，培育学生理想人格；第三，发掘中国优秀传统文化的人文精神，丰富高职生的人文素养，增强他们的创新意识。

四、问题导向的原则

问题导向是一种中外各国都不断采用与重视的教育原则，自古就有，且十分有效。它主要是为了解决实际问题，发现存在的各种具体问题，针对特定问题找到相应的解决方法，提高教育实效性。中国优秀传统文化融入高职生德育工作主要是解决高职生德育困境、高职生道德失范等现实问题，为高职生德育工作开拓视野。

中国优秀传统文化有效融入高职生德育工作是不断循序渐进的动态过程，在不同的环境与时段会产生不同的问题与困难，而且问题复杂多样，我们要“因时而进”，只有不断发现问题才能更好地解决问题。从实证调查着手，发现问题，找准问题研究的切入点，不断促进学术创新。传统的德育主要以自上而下的理论说教为主，学生处于被动接受的地位，以至于很多学生感到理论抽象、理论与现实脱轨无法指导实践，从而产生空洞与枯燥的感觉。

中国优秀传统文化要有效融入高职生德育工作，教育过程中一定要以问题为出发点，关注学生在生活中常遇到的问题，或者使学生自己发现问题，带着问题进行教育活动，使学生在情境中通过合作解决问题，从而建构知识、思维体系，习得技能。

学生在遇到困难和困惑的时候可以在中国优秀传统文化中找到解决方法，使他们的思想与行为得到一定的指导，使教育内容和学生的现实生活问题联系起来，学生会主动地探究深层次的问题。如学生在现实生活中经常遇到与他人产生义与利矛盾的问题，老师可以设计此问题的相关教学，从中国优秀传统文化中的“义利观”来进行解读，和学生一起解决此问题。通过问题导向原则，学生与老师之间处于平等的地位，老师促使学生深入问题情境，主动探索解决问题的方法，对抽象的概念原理进行深入理解，让理论可以解决高职生的现实问题与矛盾，这样更能够获得学生的价值认同和情感共鸣。因此，坚持问题导向原则是中国优秀传统文化与高职生德育相融合的重要途径。

五、循序渐进的原则

高职生德育工作不仅外延宽泛，还会随着时代的变迁不断深化和变革，同时，德育工作的教授者和接受者都有着各自不同的利益，所以，将中国优秀传统文化融入高职生德育的过程是一个长期的系统工程。面对新时期的高职生群体，进行融入工作时要把握好循序渐进的原则，具体主要包括以下几个方面。

（一）针对性原则

在社会生活中，人们的社会地位不同，对社会经济发展持有的观点也不尽相同。将中国优秀传统文化融入高职生德育工作的一个重要条件，就是必须有针对性地研究接收群体，进行有的放矢的融入与引导，这样，才能在融入过程中，有力地增强中国优秀传统文化的感召力与高职生德育工作的凝聚力，把科学的理论转化为自觉的意识与行为。

（二）自主性原则

时代在发展，社会在进步，时代的变革大大促进了人们进行自主选择的能力。在这一时代背景下，高职生德育工作者应该考虑如何用中国优秀传统文化来教育和引导当代高职生，树立他们正确的世界观、人生观和价值观，从而使他们在信念、理想等方面的选择上，既有充分的自由选择空间，又不会与社会主义核心价值体系背离，在复杂的社会背景下形成有利于提高德育工作质量、增强德育教育功能的强大力量。显然，这是将中国优秀传统文化融入高职生德育工作时必须高度重视的问题。

（三）发展性原则

事物总是变化发展的，当代高职生思想活跃，容易受到新生事物的影响，他们的思想观念也从来没有停止变化。所以，在将中国优秀传统文化融入高职生德育的过程中，高职生德育工作者必须深入研究当代高职生思维变化的发展规律，把握不同时间、地点、事件的思想观念和教育方法，用社会主义核心价值体系与中国优秀传统文化的文化因子引导他们，不断与时俱进。否则，即便是将中国优秀传统文化融入高职生德育工作中，也会因为没能认清当代高职生思想认识的变化而影响融入的效果，无法起到德育工作育人的效果。

（四）以人为本原则

以人为本是将中国优秀传统文化融入高职生德育的关键。以往的德育工作中，由于受到“官本位”思想的影响，高职生德育工作者往往以管理者的身份自居，与高职生的关系也异化成管理者与被管理者的关系，使得以往的高职生德育工作僵硬、死板、难以开展。

所以，将中国优秀传统文化融入高职生德育的过程中，一定要坚持以人为本原则，要尊重人，最大限度地调动高职德育工作者与高职生的主观能动性，让人的潜力在社会主义核心价值体系和中国优秀传统文化的感召下得到充分发挥，以高职生的全面发展为主要目标，真正做到尊重人、理解人和关心人。

要强调正面教育为主的原则，深入进行素质教育，加强高职生对德育工作的理解和对中国优秀传统文化的学习，从而促进高职生的思想道德素质、科学文化素质、健康素质和人文素质协调发展，引导高职生勤于学习、善于创造、甘于奉献，成为有理想、有道德、有文化、有纪律的合格的社会主义事业接班人。

六、四位一体的原则

我国几千年的道德教育实践经验，形成了国家教育、社会教育、学校教育、个人觉悟四位一体的德育途径。历史经验和社会现实启示我们，高职生德育工作也应该遵循四位一体的原则，仅仅依靠某一途径，形式单一且效果不佳。

在新形势下，中国优秀传统文化融入高职生德育必须坚持四位一体的原则，即国家、学校、家庭、社会媒体四者相互配合，主要以国家为引导，以学校为主体、以家庭为支撑、以社会媒体为辅助的形式进行，各方面内容缺一不可。

首先，在国家的引导下不断深化落实以德治国的方略，积极开展中国优秀传统文化的教育，制定高职生德育工作规划，部署各类学校德育工作的基本内容和评价标准，厘清相关教育经费投入问题，以及“失德”与“倡德”行为的规范制度、奖励惩罚机制等，使德育工作在国家政策与法律的保障下进行。

其次，以学校教育为主体。学校教育是德育的主要途径与平台，高职生德育则主要以高职院校为主，高职院校的德育理念、德育制度、德育目标、德育途径与方式、师资力量等现实状况对高职生的道德培养具有重要作用。同时各个阶段的学校德育要相互联系、层层递进、循序渐进，各级各类的德育目标体系要分层、要科学，避免笼统，应由浅入深、从低到高，将德育落到实处。

再次，以家庭教育为基础。家庭是人们最早接受道德的地方，家庭是社会的细胞和缩影，家庭氛围和谐、家庭习惯优良、家庭成员的行为举止规范，不仅能培养出高素质的孩子，也能够反映社会的和谐。家庭教育在道德教育中的作用无法被取代，对一个人的影响是潜移默化、长久稳定且不易改变的。拥有良好家庭教育的学生道德基础良好，能够更好地融入和接受学校德育，认同社会所倡行的价值观念。要继承和发扬优秀传统家庭伦理，使家庭教育在高职生德育工作中发挥基础作用。

最后，发挥社会媒体的辅助作用。当下，社会媒体发展迅速，规模庞大。在中国优秀传统文化融入高职德育工作中充分发挥各类社会媒体的作用，能够营造一个良好的社会学习环境，能够对中国优秀传统文化起到宣传教育的作用，对德育起到引导以及监督作用，能够传播主流社会意识，倡导社会主义核心价值观，及时反映社会矛盾与道德失范问题，能够使道德模范发挥榜样示范作用，对于高职生德育工作具有不可忽视的辅助功能。

因此，将中国优秀传统文化融入高职生德育要坚持国家、学校、家庭、社会媒体四位一体的原则，使各方面相互配合、相互促进，发挥各自应有的功能与价值。在制度保障下，良好的社会氛围中，科学教育理念、方法的指导下，家庭教育的支撑下，更好地促进中国优秀传统文化的弘扬以及发挥中国优秀传统文化对高职生思想道德素质提升的作用。

七、创新性发展的原则

创新性发展原则指的是，在中国优秀传统文化融入高职生德育工作的过程中，应根据新时代的新状况以及高职生的身心发展特点，学习和借鉴国内外优秀文化成果及先进经验，对中国优秀传统文化进行创新性发展，以彰显其时代价值。

中华民族的传统文化源远流长、内容丰富，它是中华民族在五千多年的历史发展过程中逐渐形成的，是我们中华民族宝贵的精神财富，我们要予以继承。习近平总书记指出："当代中国是历史中国的延续和发展，当代中国思想文化也是中国传统思想文化的传承和升华，要认识今天的中国、今天的中国人，就要深入了解中国的文化血脉，准确把握滋养中国人的文化土壤。"

在如此悠久的历史发展中，我国的传统文化海纳百川，融合了各种各样的文化与思想。这其中既有先进而积极的内容，也有落后而消极的方面。马克思指出："人们自己创造自己的历史，但是他们并不是随心所欲地创造，并不是在他们自己所选定的条件下创造，而是在直接碰到的、既定的、从过去继承下来的条件下创造。"

我国的传统文化是历史的产物，同样存在着一定程度的历史局限性。这就要求我们在继承传统文化的过程中，不能盲目继承，要对其思想理念、文化内容等加以甄别与筛选，并进行创新性发展，才能使中国优秀传统文化不断焕发出新的生机与活力。只有将经过转化与发展、具有时代价值的传统文化融入高职生德育工作，才能更好地培养高职生对中国优秀传统文化的热爱与认同，使其增强文化自信，树立世界眼光，博采众长，从而推进对中国优秀传统文化的传承以及高职生德育工作的良性发展，提高中国优秀传统文化融入高职生德育工作的实效性。

八、与典型示范相结合的原则

将中国优秀传统文化与典型示范相结合的原则，是新时代德育工作中一个行之有效的原则。在新形势下，发挥典型示范在高职德育中的重要作用，积极开发典型示范的辐射功能，有利于创造良好的校园文化氛围，激发师生积极参与中国优秀传统文化与高职德育相结合的工作。挖掘历史名人事迹，树立优秀传统文化典范，形成优秀传统文化与典型示范相结合的新局面，真正发挥典型示范的辐射作用。

第二节 中国优秀传统文化融入高职生德育的路径

一、树立正确的融入理念

中国优秀传统文化融入高职生德育的一个重要前提，在于树立正确的融入理念，一方面要把握融入的正确方向，另一方面要保证融入内容的科学性。

（一）把握融入的正确方向

中国传统文化融入高职生德育，其主体是高职生的德育，传统文化是用来为德育服务的，所用的内容是传统文化中那些优秀的方面，所用的形式是那些能适应现代社会文明要求的方面，因此，把握融入的正确方向至关重要。

1. 着眼于高职生的全面健康发展

教育的最终目标是立德树人，培养理想人格，培养全面发展的人。根据专家研究，高职生的发展指标包括身体健康、生活习惯、生活方式、生活满意度、人生目的、人生幸福、人生态度、人生价值、基本道德观念、社会道德观念、现实政治观念、国家观念、政治意识形态观念等。

要达到这些指标的要求，如果没有文化的熏陶，没有深厚的中国优秀传统文化作为根基，是根本不可能的。因此，在推进高职生德育的文化融入过程中，要尊重德育的基本规律，充分考虑当代高职生思想道德观念的新变化、新特点。比如当代高职生思想道德观念多元、自我，他们接受教育、获取信息的渠道是广泛多样的，因而他们的价值观念多样化、成长需求多样化、道德观念相对化，在多元发展中，个体的自我越来越突出，不盲从权威；同时部分高职生表现出任性、自私、过分相信自己、唯我独尊、以自我为中心、听不进别人意见等倾向。

中国优秀传统文化博大精深，面对高职生的新变化、新特点也可以发挥作用，能够解决高职生思想道德方面的困惑和问题。例如，中国优秀传统文化所倡导的和谐中道思想对高职生正确处理自我与他人、与社会的关系有着非常直接的教育价值。又如，当前部分高职生的生理素质有待改善，学习生活动力不足，中国优秀传统文化中“天行健，君子以自强不息”的健康向上的思想和以天下为己任的担当精神，可以解决高职生精神不振、动力不足的问题。再如，当代高职生的人生幸福观多元且务实，家庭幸福成为人生幸福观的新元素，但部分高职生理想主义的精神有所欠缺，儒家经典《大学》的“八目”对高职生如何赢得个人和家庭的真正幸福有着重要的启示。中国优秀传统文化的思想道德和精神内涵十分丰富，是我们今天加强高职生德育工作的丰富宝藏，我们一定要以高职生这一德育主体的需要为出发点和落脚点来做出正确的判断和取舍。

2. 着眼于当前高职德育工作的创新发展

当前高职德育工作存在的问题有：重视教育部门的主导作用，忽视高职生的主体作用、内在动力；重视正规的、有组织的建设渠道，忽视非正式的建设渠道；重视直接的、显性的建设渠道，忽视间接的、隐性的建设渠道；重视政治思想和意识形态建设内容，忽视道德和心理素质的培养；等等。而中国优秀传统文化的教育正好能从一定程度上纠正这些偏差，它重视教育对象成圣成贤的主体作用和内在动力，它是多渠道的、间接的，着眼于道德和心理层面。

大量的实证材料证明，学习中国优秀传统文化，对高职生的思想道德、身心健康所产生的影响是直接的、明显的，甚至是巨大的。有的教育者认为，传统文化重等级，压抑个性，会带来负面影响。其实对这个问题，学界是有争议的。

传统家庭伦理中当然有压抑性的关系，但是我们也应看到，中国家庭伦理的主要精神是主张和谐、互为对方着想。而这种建立在和谐意识上的人伦关系，这种旧道德中的合理因素，其实应该是可以作为可贵的资源，并将其向现代化方向转化的。而在西方的传统中，却缺少这样的资源。按照王元化教授的观点，中国文化特别是先秦原典中的思想是非常重视双向互动的，这正是现代高职德育可以借鉴吸取的合理成分。

3. 着眼于文化传承

加强中国优秀传统文化教育，是深化中国特色社会主义教育和中国梦宣传教育的重要组成部分，是构建中国优秀传统文化传承体系、推动文化传承创新的重要途径，是培育和践行社会主义核心价值观、落实立德树人根本任务的重要基础。

百年前对中华文化的否定和消解，中华民族面临亡国灭种的危险。尽管我们长的是黄皮肤、黑眼睛，但如果没有了自己的文化，我们就名为中国人、实非中国人了。因为这样我们只是继承了祖先的生理基因，丢掉了祖先的文化基因、精神基因。因此我们的德育应该承担起延续中华民族精神血脉的大任。

（二）保证融入内容的科学性

中国优秀传统文化融入高职生德育的前提和基础是确保融入内容的正确性，

即在坚持思想性引领下实现创造性转化和创新性发展。

1. 坚持融入内容的思想性引领

所谓坚持融入内容的思想性引领就是坚持马克思主义的指导地位。马克思主义作为一种科学的世界观和方法论，在中国特色社会主义全方位的发展过程中起着引领性作用。

中国优秀传统文化融入高职生德育的过程必须以马克思主义为指导思想，立足我国当前社会发展的需要，探索贴近生活、服务生活，具有实际操作性的融入过程。只有这样，中国优秀传统文化的德育价值才会被充分地挖掘和发挥。

首先，马克思主义引领中国传统文化融入高职生德育，是因为马克思主义本身具有科学性和革命性。简言之，用马克思主义的立场、观点和方法以扬弃的眼光辩证地看待中国传统文化在高职生道德教育中的价值，从而对传统文化进行批判性继承和发展。因此，用马克思主义引领中国传统文化融入高职生德育，可以确保融入内容的科学性和正确性。

其次，根据马克思主义理论中事物的普遍联系原理，马克思主义在批判地继承和发展中国传统文化的同时，可以使文化沿着科学、正确的方向指导高职生德育的具体实践活动。只有这样，中国传统文化才能实现可持续发展，而高职生德育也可以以此为切入点，获得更多的教育素材。

最后，在中国优秀传统文化融入高职生德育的过程中，其融入的内容要始终能够体现时代性和社会性。而要达到这一效果，必须坚持马克思主义的指导，因为只有以马克思主义为指导的德育才具有科学性和革命性，并且只有以马克思主义为指导的中国优秀传统文化才是符合时代发展的文化。

因此，坚持马克思主义的指导地位，无论对中国传统文化的批判继承还是对高职生德育的实践都是大有裨益的。

2. 提高融入内容创造性转化的能力

所谓创造性转化，就是要按照时代特点和要求，对那些至今仍有借鉴价值的内涵和陈旧的表现形式加以改造，赋予其新的时代内涵和现代表达形式，激活其生命力。简言之，创造性转化是对思想内涵和表现形式进行的双重转化。也就是说，对至今仍然具有借鉴价值的思想内涵通过创作和改造后能符合社会发展的需要，而那些不符合时代发展的陈旧的表现形式需要对其进行转化，使其适应时代发展的趋势。

因此，提高中国优秀传统文化融入高职生德育内容的创造性转化的能力，首先需要了解和掌握文化的内涵和表现形式，然后根据社会发展的需要以及时代潮流对其进行有针对性的选择。中国优秀传统文化融入高职生德育内容的创造性转化，从其根本上来说就是要充分挖掘和发挥中国优秀传统文化自身的时代价值，从而更好地进行高职生的德育活动，满足时代需求。立足于社会发展，是中国优秀传统文化融入高职生德育内容实现创造性转化的现实依据和根本准则。然后在中国优秀传统文化原有内涵的基础上，以高职生德育的现实需要为依据，以创造为转化路径，以实现中国优秀传统文化融入高职生德育内容的转化为目标，以更好地发挥中国优秀传统文化在高职生德育中的价值为宗旨，通过自身原有条件与现实需要相结合，以及目标指向和实现路径的双向互动，就可以实现中国优秀传统文化融入高职生德育内容的高效转化。

3. 推动融入内容的创新性发展

所谓创新性发展，就是要按照时代的新进步新进展，对中国优秀传统文化的内涵加以补充、拓展、完善，增强其影响力和感召力。从对象来看，创新性发展针对的是中国优秀传统文化的内涵，这种内涵包括构成元素、核心价值、主要特征、重要理念等方面的内容。相较于传统概念而言，它所指涉的内涵的范围更加宽泛。从其最终目的来看，创新性发展旨在通过不断地创新，使中国优秀传统文化的内涵得到更深层次的丰富和发展，能够实现中国优秀传统文化的更高发展。就整个过程而言，它实现了从无到有、从有到新、从单一到丰富的过程。

因此，中国优秀传统文化融入高职生德育内容的创新性发展，首先需要厘清中国优秀传统文化的内涵，然后根据新时代发展的要求为其注入新的时代内涵、时代价值和时代作用等方面的内容，如此，一方面增加了中国优秀传统文化的竞争力，提升了中国优秀传统文化的感染力；另一方面使中国优秀传统文化融入高职生德育的内容更加丰富和完善，也更加符合时代发展的需要。

所以，要想实现中国优秀传统文化的创新性发展，就要充分掌握中国优秀传统文化的内涵，这是实现创新性发展的基础和蓝本。在此前提下，充分发挥创新的能力，通过不断地创新实现文化发展，而且这种发展要以马克思主义为指导，以服务人民、奉献社会为目的。只有这样，才能早日实现中国优秀传统文化的创新性发展。

二、国家制度文化引领

制度文化是指制度意识形态以及与其相适应的社会规范、制度、组织机构以及设施等的总和；同时，它也是社会规范存在和发展的文化基础，是人类在漫长的文化进程中进行自然和社会规范实践活动所创造的智慧结晶和精神财富。

制度文化不仅包含具有强制性的制度规范，如法律、法规等，也包含具有规范性的如风俗、习惯、道德等一般社会规范，其核心是作为精神文化的价值观念。制度文化的形成与存在是为了保证人们进行有效组织、执行规定任务或实现既定目标。

制度文化具有道德教化的价值，对高职生德育和中国优秀传统文化的弘扬发展具有一定的引导作用。我们可以根据制度文化的这一特性，高度重视和探究其在德育中的作用，从而有效促进中国优秀传统文化融入高职生德育。

（一）完善相关制度

首先，在国家的引导下，深化并落实“以德治国”的方略，制定德育和道德建设工作的规划，部署各级各部门道德建设的基本内容、质量要求、评价标准。完善相关立法，把道德建设纳入国家政策、法律各项制度中，完善道德行为的奖励与惩罚机制，对高尚道德行为充分地褒扬与支持，对失德行为谴责与处罚。通过科学、完善的制度引领促进良好道德风尚。其次，完善弘扬发展中国优秀传统文化的制度建设，起草和出台相应的中国优秀传统文化宣传教育的文件，将中国优秀传统文化的宣传落实到各学校、单位、部门，确保中国优秀传统文化宣传教育活动有效、稳定进行。完善中国优秀传统文化保护的相关立法，使中国优秀传统文化的宣传教育和保护工作在有理有据的条件下进行。

（二）加强宣传与教育工作

对高职生进行中国优秀传统文化的宣传与教育是中国优秀传统文化融入高职生德育的基础，高职生对中国优秀传统文化进行内容认知、价值认同之后会树立起弘扬和传承中国优秀传统文化的意识与觉悟，国家应该运用多种手段进行中国优秀传统文化的宣传与教育。

在思想上高度重视中国优秀传统文化宣传教育在全社会推广的重要性，加强中国优秀传统文化的研究工作，进行中国优秀传统文化资源发掘运用。开展形式多样、题材丰富的中国优秀传统文化活动，包括以中国优秀传统文化为主题的文艺演出、影视节目等，创设中国优秀传统文化宣传的专题栏目，进行中国优秀传统文化的宣讲、研讨、讲座活动，扩展中国优秀传统文化的舆论空间，如在各种公共空间通过标语、横幅、图片等直观形式展示中国优秀传统文化，让中国优秀传统文化走进生活。

（三）充足的经费支持

确保必要的经费投入，为中国优秀传统文化有效融入高职生德育提供物质保障，也是中国优秀传统文化与高职生德育顺利、长期融合的因素之一。提供充足的财力物力的支持，为中国优秀传统文化有效融入高职生德育提供良好的软件设施和硬件设施。加大科研投入，为中国优秀传统文化融入高职生德育提供新思路，创新方法与途径。加强中国优秀传统文化教师队伍的培训建设，让高职院校拥有更加专业的师资力量，增加中国优秀传统文化与高职生德育工作两者兼备的专业教师的数量。提供良好的环境，为中国优秀传统文化融入高职生德育提供和谐轻松的实施空间。

三、完善学校教育体系

（一）加强内涵建设

目前，我国高等教育发展的关键在于教学质量，高职院校提升办学质量的关键在于内涵建设，加强内涵建设是高职院校实现科学发展的内在要求，也是未来我国高等教育发展的必然趋势。内涵从哲学角度而言，是一个概念所反映的事物本质属性的总和，它不是表面现象，而是隐藏在事物深处的内容，需要不断挖掘和探索才能看到。因此，高职院校应按照党和国家的方针政策，不断创新理念，努力适应时代需求，提升自身办学水平，加强思想政治建设，完善内部管理机制，改进办学条件和教学方式，实现教育的可持续发展。

加强高职院校内涵建设，有助于提高教学质量，培养高素质人才。通过积极推进师德师风建设，提高人才培养质量，使高职院校在培养人才的过程中重视学生的职业道德素质和法律素质的养成，不断提升学生的社会实践能力，使其成为社会主义合格的建设者和接班人。

加强高职院校内涵建设，有助于提升软实力，推动高等职业教育可持续发展。通过教育理念建设、学校品牌建设、校园文化建设等方式，切实把社会主义核心价值体系融入高职院校内涵建设的方方面面，坚持用社会主义核心价值体系加强师生素质、服务意识、创新意识的培养，提升价值引领，推动校园发展活力，努力扩大教育成果，实现高职教育的可持续发展。

（二）优化课堂教学

1. 加强学科渗透

在德育教学中，借鉴中国优秀传统文化教化功能，推进高职德育课教学，将中国优秀传统文化元素与德育教学内容相融合。吸纳中国优秀传统文化精华，把对学生道德素养的培养锻炼与精神文明建设、传统文化学习相结合，把中国优秀传统文化教育的理念贯穿到德育课的整个教学过程之中，真正体现德育课的传统文化教育意蕴。高职院校要以人文精神的铸造为核心，系统、合理、完整地构建适应人性发展的人文学科课程体系，同时注重学生实践能力的培养，使科学发展与社会进步同步。

根据课程性质和内容，结合实际挖掘中国优秀传统文化中的专业教育资源、思想政治教育资源、人文素质教育资源和心理健康教育资源，加强民族传统文化和人文精神的全方位渗透，增加高职生的文化底蕴，促使高职生追求自我的完善，使其获得全面的发展。

打破学科专业壁垒，加强各学科专业的融合与渗透。当前，高职院校只重视高职生专业知识技能的培养，忽视了高职生健康人格的形成和文化素养的构建，缺乏对高职生哲学、美学、社会科学的教育，学科专业被逐渐工具化。高职院校应加强学科之间的融合，弥合学科之间的鸿沟，强化专业教学中中国优秀传统文化的人文渗透。在教学的各个环节、各方面指导高职生不仅要学好科学文化知识，还要学会做人，做一个具有中国传统美德的人。

2. 完善教学内容

思想政治教育内容是高职德育教育的重要组成部分，也是思想政治教育者向教育对象实施教育的具体要素。在我国现阶段，高职院校思想政治教育的内容包括马克思主义、中国特色社会主义共同理想、社会主义核心价值观、以爱国主义为核心的民族精神和以改革创新为核心的时代精神等多方面内容。

改善教学内容，以《思想道德修养与法律基础》为例，可以将中国古代传统美德作为专题内容引入德育教育课堂，赋予传统文化新内涵。在进行基本国情教育的时候，可以将公忠为国的爱国精神作为专题内容进行着重讲解，“忠”作为中国古代重要的道德规范之一，不仅是中国传统文化的基本价值取向，也是弘扬民族精神的核心，爱国主义的重要表现就是忠于祖国、忠于人民、忠于家庭。

在进行道德观教育的时候，可以渗透“百善孝为先”的家庭道德、“诚实守信、谦敬礼让”的社会公德、“忠于职守、敬业奉献”的职业道德等，通过将传统美德作为善恶的评价标准来培养学生的道德情操。在进行社会主义核心价值观教育的时候可以引用中国古代《大学》中的“慎独”思想，将“修身”“克己”“格物”“致知”“知耻”“律己”等君子境界作为引导学生保持崇高气节的理想人格。

（三）创新教育方式

育人为本，德育为先。高职德育模式应符合高职生目前的德育形势。总的来说，高职生德育认知存在以下四个问题：一是缺乏明确的学习目标和人生理想，长时间被定位为“学困生”，导致部分高职生在学习和人生追求上缺乏自信和明确的人生职业规划。二是心理承压能力不强，面对挫折容易轻易放弃，面对感情问题缺乏理性分析，这也是造成个别高职生陷入困境的原因。三是社会公德意识不强，“00后”的出生和成长环境使“自我认识只能在生活世界的具体情境中对生活进行解释和反思，自我认知的知识因而是变化的、不确定的”。这导致部分“00后”高职生以自我为中心，缺乏大集体、大局意识，缺乏社会公德意识。四是缺乏正确的世界观、人生观和价值观，高职院校主要培养了高职生的技能技巧，忽略了中国优秀传统文化的教育，导致部分高职生以为“一技在手，吃穿不愁”就行。

1. 将优秀传统美德教育纳入高职生守则

高职生从年龄和成熟度上看，尚未形成良好的自律意识，因此诸多行为方式需要规章制度的约束。德育同样需要规章制度的引导和规范。将优秀传统道德内容要求和规范融入规章制度的体系中，不仅能使人文情怀与规章制度有机结合，形成人和政通、以人为本、和谐民主的德育氛围，而且能实现“人人有才、人无全才、扬长避短、人人成才”的目标。同时，在校园广播、橱窗开展“道德古训”“中国文化遗产”等专栏，每周更新内容，突出传统和谐儒雅的人境互动，让文化在校园飘香。加强基础设施建设，努力创建整洁、有序、优雅、健康的校园环境，使学生时刻感受到修身的人文氛围。这种德育模式，是目前大部分高职院校正在施行的。

2. 积极推进高职校园文化活动

校园是高职生每天停留时间最长的地方，校园文化对人的影响是潜移默化的。所以，校园文化活动是对高职生进行德育教育的一个重要方式，在校园文化建设的过程中纳入中国优秀传统文化，打造良好的传统文化育人环境，是保证中国优秀传统文化顺利融入高职生德育的一个关键性因素。

（1）对校园文化活动内容进行科学规划

校园文化活动是丰富与充实高职生课余生活的主要形式，学生可以通过各种不同形式、不同内容的校园文化活动，结交新朋友、锻炼人际交往能力、培养团队意识，还可以在活动中学到各种课本以外的知识。因此，高校院校有必要对校园文化活动进行科学规划，引导高职生沿着正确的方向健康成长。对校园文化活动进行科学规划，要充分融入中国优秀传统文化元素，弘扬中国优秀传统文化的精神理念和传统美德。

中国优秀传统文化，是中国传统文化去除糟粕之后留存的精华，在对校园文化活动进行科学规划的过程中充分融入中国优秀传统文化元素，有助于丰富校园文化活动的形式，有助于充实校园文化活动的内容，有利于高职生德育的开展，有利于高职生身心的健康成长。

（2）对校园文化活动形式进行大胆创新

校园文化活动的形式应力求丰富，摆脱过去陈旧教条的形式，开发新颖的活动形式，以增强对高职生的吸引力，促使学生积极主动参加校园文化活动。

如开展以讲道德故事为形式的宣讲活动，大家畅所欲言，讲出自己所知道的传统美德故事，这样可以让每个人都参与到活动中来，而非只做一个旁观者。开展中国优秀传统文化主题的免费观影活动，在学校场地允许的情况下，搜集反映中华传统美德、弘扬中国优秀传统文化精神的影片，组织学生进行免费观影。开展中国优秀传统文化主题换书活动，号召学生准备好自己手中有关中国优秀传统文化的书籍，通过交流会的形式进行换书活动，既可以使图书资源得到更充分的利用，又能使学生之间加强对中国优秀传统文化理解的交流。

此外，还可以在相应的传统节日和反映民族特色的民俗纪念日，开展主题活动；教学从生活的细微处着手，从身边的点滴做起，组织学生参加志愿者活动，将所学理论运用到实践中来；同时要充分利用学校的资源及地理优势，挖掘其中蕴含的中国优秀传统文化资源，如当地名胜古迹的历史渊源，当地历史名人的杰出事迹等，对此加以整理归纳，并运用到高职生德育的实践中，加强高职生在中国优秀传统文化实践活动中的参与感和获得感，使其进一步了解中国优秀传统文化的深厚底蕴及其传承几千年而不衰的强大生命力。

（3）积极开展多种形式的中国优秀传统文化教育活动

高职院校的各个院系班级、各种学生社团要积极组织开展中国优秀传统文化主题的教育活动，并对学生对中国优秀传统文化的学习与实践情况进行统计调查，及时找出不足并予以弥补。还可以依托学校的优势资源与地理条件，对当地的名胜古迹进行探访，通过对这些名胜古迹历史渊源的探寻以及实地的参观，增强高职生对中国优秀传统文化的探究兴趣，在实践中加深对中国优秀传统文化的理解。

与此同时，还要加强校园内部对中国优秀传统文化的宣传力度，不仅通过学校的报刊、广播、宣传栏等传统渠道宣扬中国优秀传统文化，还要充分利用学校网站、微博、微信公众号等新媒体进行中国优秀传统文化的宣传。

此外，围绕中国优秀传统文化开展知识竞答，举办传统文化主题的书画展览、诵读比赛等，也可以有效地调动高职生学习中国优秀传统文化的积极性，让他们在活动中获得参与感与成就感。通过这些校园文化活动对中国优秀传统文化进行多层次、多方面、多种形式的宣传与普及，让中国优秀传统文化弥漫在校园的各个角落，时刻熏陶身处其中的高职生，这样才能让中国优秀传统文化浸入其心，润物无声地提升高职生的思想道德修养并使其养成良好的行为习惯。

将传统节日、非物质文化遗产宣传等活动融入高职校园文化活动。可利用春节、中秋节和重阳节等传统节日，加强对学生“孝”文化的教育，引导高职生常怀感恩之心，感恩大自然、祖国和社会，感恩教育；可利用端午节学习屈原洁身自好的品格和爱国主义精神；可结合清明节，让高职生感知生命的厚度；利用非物质文化遗产加强高职生对人文地理知识的学习，如湖南地区的高职院校可以参观岳阳楼，熏陶高职生“先天下之忧而忧，后天下之乐而乐”的爱国精神，聆听湖南各地非物质文化遗产的声音，如长沙的弹词、湘西的侗歌和辰河高腔、湖南的花鼓戏等，将这些声音融入校园中，不仅能丰富“风声雨声读书声”，还能拓宽校园的历史维度，加强高职生的地域荣誉感和自豪感；还可以结合传统文艺活动创新德育形式，如结合古典文化中的琴、棋、书、画，给予高职生第二课堂更多的选择。对于女高职生，可结合中国茶道茶艺文化，提升其淑女气质和人文气质；对于男高职生，可选择古代足球，一方面让其体会别具一格的足球运动，另一方面让高职男生通过古代足球等运动，提高其对中国传统文化的兴趣和爱好，为接受优秀传统文化教育打好基础。

定期举行道德模范及优良道德行为评选表彰活动。榜样的力量是无穷的，通过对榜样的宣传，可以让校园形成正能量的风气，让优秀的行为蔚然成风，为高职生营造正确的价值观环境。每年我国都以道德为基准，评选出感动中国十大人物，这是对全国人民的道德教育。这个评选也确实影响了整个社会的风气，使得正义、感恩、勤劳之风深入人心。因此在高职教育中，高职院校要将身边优秀的德育模范作为榜样，让孝顺成为一种时尚，让积极上进、勇于承担、大胆创新成为效仿的力量，而不是让潮流服饰、网络游戏和社会奢侈之风成为高职生引以为豪的事情。这才是高职德育所要达到的目标。

目前，教育部每学年都会对各个高职院校中品学兼优的贫困生提供奖学金和不同层次的助学金，且金额较大，这激励了高职生在学习上奋发向上，生活中自强不息。但是名额有限，效果被奖金遮盖。所以，高职院校应设立更多种类的德育榜样，让精神的力量成为鼓励学生的最好方式，让学生意识到榜样就在身边，通过和榜样朝夕相处，一点点被感染。

（四）改进现行教材

1. 明确教材的设计原则

（1）德智知识兼顾的原则

宋代大儒张载曾将国学分为“见闻之知”与“德性之知”，前者指通过感官接触外物获得的知识，约指智性知识；后者指通过内心修养参悟出来的知识，约指德性知识，学习中国优秀传统文化应注意二者的兼顾与互动，一方面介绍基本的国学知识，另一方面彰显国学蕴含的大义，把“小学”知识与“大学”功夫结合起来。前者对应文化的传承，后者对应健全人格的养成，此二者为德育所担负的责任。

（2）古为今用的原则

教材的编选应集千古之精神大德而能有裨于当下。一方面把古人开蒙的有益经验渗入教材之中，另一方面要突显中国优秀传统文化特别有用于当下的内容。

当代高职生在智识教育上优于任何时代，但在感恩、个人品德、责任感、合群、抗挫折力、自我管理等方面则因独生子女等诸多原因，面临极大的挑战，因此，要扬中国优秀传统文化注重德行之长，以匡时弊。

譬如国学中孝悌、谨言、温良恭俭让、诚朴勇毅等个人修身的观念，须在教材中大力提倡并贯穿始终。当下面临生态环境的破坏和生态危机，因而古人关于天人和谐的思想理应编入教材。

（3）从受众出发的原则

教材的编写要充分考虑使用者、教授者及其所处的文化环境。

一是要深入浅出，深入国学之精髓，避免浮光掠影，注重写作方式和表达方式，要贴近生活，明白晓畅。

二是要充分考虑不同年龄段的特点和接受能力。

三是实用性，要考虑国学教材与现行语文、历史、地理等其他教材的兼容和协调，也要考虑一线教师本身的知识能力和实际情况，尽量贴近传播者的认知水平，必要时辅以教师用书的开发和有效的教师培训机制。

四是实践性与互动性。纸上读来终觉浅，真正的知识是能够躬行实践融入生活的，这就需要教材开发出与实践衔接的互动内容，譬如可在教材中增设“综合性活动”板块，开展修身实践，如让孩子为父母做一件力所能及的事，体验孝道之大义，避免简单枯燥之说教。

2. 重视教材选择和修订的科学性

习近平总书记强调：“中华优秀传统文化是中华文明的智慧结晶和精华所在，是中华民族的根和魂，是我们在世界文化激荡中站稳脚跟的根基。”高职德育要以培养高职生的爱国情怀、社会责任感和人格修养为目标，培养高职生成为自信、自尊、自强，高素养、讲文明、有爱心，知荣辱、守诚信、敢创新的中国人。因此在深化高职德育内容时，可以中国优秀传统文化为依托。改进德育教材从以下两方面着手。

（1）选择合适高职生阅读的中国优秀传统文化教材

高职生有其自身的特殊性，他们的主要学习目的不是通过高考进入更高的学习平台，他们的学习能力和精力相对较弱。此外，高职生的心智水平和文化基础以及接受能力也是有所差别的。因此，同样是在德育中增加中国优秀传统文化，我们要有所区别地为高职生选择适合他们阅读的中国优秀传统文化教材——易懂、篇幅适中、难度系数不高且贴近实际生活，通过阅读提高高职生为人处事的能力和基本人文素养。

如可选用《三字经》《弟子规》《颜氏家训》《菜根谭》等教材，这些教材符合高职生的理解和阅读能力，主要讲述为人处事的道理。另外，可选用中国文人志士的人物传记或故事供高职生阅读，如苏轼、司马迁、屈原、范仲淹、曾国藩等，增强高职生面对困难和挫折的韧性。值得注意的是，这些传记或故事的古文版书籍和教材不适合高职生阅读，因为高职生文言文基础较差，所以，应该选择白话文版、故事情节较强的书籍，便于高职生阅读和接受。

（2）扩大高职生文史素材中中国优秀传统文化的比重

英国人永远不会让莎士比亚的作品在国家教育的教材中删除，俄罗斯也永远不会让普希金的作品在教材中缺席，中国同样也不能让优秀传统文化在教育中流失。高职语文课程作为高职基础教育内容，同样承担着一部分德育功能，而且，高职语文课程是离中国优秀传统文化最近的一门课程，高职语文教师也是对中国优秀传统文化理解最为深刻的课程教师。所以，提高高职德育实效，保证高职语文课程课时是基础，提升语文教师中国优秀传统文化知识储备是必要条件，扩大高职语文课本中优秀传统文化的篇章是首要措施。

高职语文课本中融德育于美文中的文言诗文和近现代诗文，都从不同视角、不同方向充分挖掘和展示了课本中的各种中国优秀传统文化因素，这种效果能广泛地向课堂外、课本外辐射，通过高职语文教师充满激情地讲解，以及浅显易懂地教学，能较好地实现对学生在传统美德知识和理论上的感染和熏陶，能让高职生在潜移默化中接受中国优秀传统文化，这样能较好地避免空洞的说教和摒弃填鸭式、背诵式、摇头晃脑式的教学，真正激活高职生自主发展的意识。

（五）打造优秀的教师队伍

高职生中国优秀传统文化的教育教学，要想真正达到应有目的，必须充分发挥思想政治理论课教师主力军的作用，邓小平同志曾提出“一个学校能不能为社会主义建设培养合格的人才，培养德智体全面发展、有社会主义觉悟的有文化的劳动者，关键在教师”，习近平总书记也提出“教师是人类灵魂的工程师，承担着神圣使命”。教师的文化水平越高，教学质量也越高；反之，教师的文化素养不高，则教学质量必然也不会高。

1. 优化教师队伍知识结构

中国优秀传统文化融入高职生德育的活动过程，其实质也是一种高职生德育优化升级的过程。这个过程要靠构建一个能够将中国优秀传统文化融入高职生德育的师资队伍来完成。

首先，培养认同和践行中国优秀传统文化融入高职生德育工作的教师队伍，只有自身对这项工作持肯定态度的教师才能成为将中国优秀传统文化融入高职生德育的传播者和组建者。为实现这一目标，高职院校可以组建一支专门的能够将中国优秀传统文化融入高职生德育的师资队伍，然后对其进行专门的培训，为融入工作奠定良好的基础。

其次，优化能够将中国优秀传统文化融入高职生德育工作的教师队伍结构，需要高职院校选拔不同学科专业、不同年龄教龄、不同学历程度的教师，这样就可以使师资队伍成为一支年龄结构平衡、学科知识不需补充、学历层次突出的队伍。

最后，要对所有能够将中国优秀传统文化融入高职生德育的师资进行新时代高职生德育方式方法的培训。第一，通过理论灌输将中国优秀传统文化与高职生德育的理论知识结合起来贯穿到教师的教学培训过程中，提升他们对中国优秀传统文化融入高职生德育的专业认知，使他们能在教学过程中更好地向受教育者传递中国优秀传统文化和高职生德育价值与功能。第二，发挥理想信念的作用，使能够将中国优秀传统文化融入高职生德育工作的师资队伍树立坚定的理想信念，毫不动摇地践行社会主义核心价值观，用马克思主义指导自己的教学活动。第三，为确保能够将中国优秀传统文化融入高职生德育的师资队伍质量始终如一，需要采取一定的措施，比如，对工作质量、教学成绩进行阶段性综合考核评价，以制度确保质量，提升教师队伍的水平。

2. 提高教师队伍育人素质

对高职德育工作者进行全员培训，还只是中国优秀传统文化融入高职德育工作的基础。从道德信念的角度加强和改进德育教育，通过推进高职德育工作者进行具体的工作实践，来加强他们对融入工作最直观的感受，只有切身体会，才能真正激发他们内心的工作热情，从而形成强烈的价值认同。

可以面向全体高职德育工作者开展“中国优秀传统文化情感体验计划”，让每位工作人员在工作期间至少读一本国学名著、拜访一名国学大师、考察一次中国优秀传统文化传播前沿的实况、接触一位对传统文化感兴趣的学生，然后在工作时与大家交流分享自己的心得体会和直观感受，通过切身体会和直观了解，深化对中国优秀传统文化的认同感和归属感，自觉加强中国优秀传统文化融入高职德育工作的力度，以实现价值传递。

中国优秀传统文化融入高职生德育工作的过程要充分考虑当代高职生的性格特点，高职德育教师和工作人员可以根据不同年龄阶段学生的特点，对融入工作进行针对性的补充，可以以院系为单位，组织学生开展专项研究与学习讨论，这也可以为融入工作提供一定的客观依据。

3. 提高教师队伍整体水平

师资水平良莠不齐，是制约中国优秀传统文化融入高职生德育教育的重要因素，所以要提高教师队伍的整体水平。

首先，增强广大教师的责任感，使能够将中国优秀传统文化融入高职生德育的教师做弘扬传统文化、履行德育的践行者。马克思说：“作为确定的人，现实的人，你就有规定，就有使命，就有任务，至于你是否意识到这一点，那是无所谓的。这个任务是由于你的需要及其与现存世界的联系而产生的。”也就是说，教师在传授知识的过程中履行的是一种责任，教师不仅是学生学习的领路人，更应该躬身实践，积极履行中国优秀传统文化融入高职生德育的责任。

其次，加强广大教师对中国优秀传统文化的学习，深入挖掘中国优秀传统文化融入高职生德育的可行性和必要性。比如，在加强中国优秀传统文化融入高职生德育工作中，教师按照《完善中华优秀传统文化教育指导纲要》的基本要义，通过加强对《中国思想史》《经典研读》《孝经》等传统文化著作的学习，系统了解中国优秀传统文化融入高职生德育的现实依据和时代价值，以学校为中国优秀传统文化融入高职生德育的平台，在探索有效融入途径的同时，提高对中国优秀传统文化融入高职生德育工作的整体水平。

4. 增强教师对传统文化的情感

在中国优秀传统文化教育中，学校是主阵地，教师是传播者，因此，需要教师队伍在思想上重视中国优秀传统文化，重视优秀传统道德，了解中国优秀传统文化知识，这样才能让教师主动学习，这也是发扬我国优秀传统文化的一条必经之路。通过教师的言传身教，带给学生正能量，学生才会“亲其师，信其言”，才会有振兴民族文化的信心。所以高职院校一定要重视对教师的中国优秀传统文化培育，实现我国打造文化强国的梦想。

5. 提升教师舆论宣传与引导能力

李慎明在《西方文化霸权的扩张与危机》一文中提出“不仅最热门的网络，而且世界知名并传播很广的电视、广播、报纸、杂志、电影以及后台为之间接服务的学校、研究和咨询机构等，也都被以美国为首的西方控制”，这些信息传播渠道成为国内外社会思潮对高职生进行思想渗透的媒介。

高职院校新闻舆论是意识形态工作的风向标、晴雨表，直接关涉高职院校的稳定发展，作为高职德育工作者，除了要提升自身意识形态认知水平，还要切实提升舆论宣传能力，把握新闻舆论宣传的时效性，利用好传统媒介，如校报、学校广播、学校网站、腾讯 QQ 等，还要开发利用新的媒介，如微信公众号、各类 App 应用程序等，以高职生喜欢的方式达到舆论宣传的目的。

（六）加强校园文化建设

高职校园良好的人文环境，无时无刻不在影响着每一位高职生。因此，高职院校应该打造“文化育人”的校园人文环境，充分挖掘中国优秀传统文化中的道德资源，把中国优秀传统文化的精神播撒在校园的各个角落，让生活在校园中的高职生每时每刻都能感受到中国优秀传统文化的魅力，领略中国优秀传统文化的时代风采，受到中国优秀传统文化的熏陶，通过文化育人的环境来培养高职生的民族自豪感。

打造校园文化，需要精心设计。高职院校应该继承和发扬传统文化精髓，让高职生受到中国优秀传统文化的滋养。可以精心筛选一些具有代表性的历史名人的画像、经典名句，张贴在高职生的学习场所，如图书馆、教室，张贴在高职生生活的地方，如宿舍、餐厅等，还可以借鉴中国传统优秀文化中的书法艺术，用对联、楹联的形式装饰在学校的亭子、柱子上。除此之外，我国的诗词文化源远流长、内容丰富，也可以从中筛选出一些意境优美、内涵深刻的诗词歌赋镌刻在校园的景观石上，还可以选取一些意蕴深远、富有哲理的成语，来给教学楼、办公楼、校园道路命名，让校园充满中国优秀传统文化的魅力。

（七）建立健全保障机制

中国优秀传统文化融入高职生德育工作是一个复杂而系统的工程，牵涉到文化要素、制度要素以及要素之间的关联等方面，必须为其建立起一定的保障机制，使融入工作能够顺利进行。

1. 加强组织领导

加强中国优秀传统文化融入高职德育工作的领导组织。所谓“蛇无头不行”，成立一个专门的领导组织机构，有利于协调融入工作的各项事宜。组织协调过程，其实就是融入工作积极互动发展的过程，可以将教育者和受教育者的思想、心理和行为状态及其与其他融入要素之间的关系进行组织协调，各个要素之间相互联系、相互作用，同向发挥功能，这样就能为中国优秀传统文化融入高职德育工作提供合适的氛围与条件。

当代高职生对中国优秀传统文化融入高职德育工作的认知是一个逐渐由陌生到熟悉再到内化的过程，在任何一个融入环节都可能出现各种各样的问题，进而引起矛盾冲突，影响融入工作的进行。因此，建立健全融入工作的组织领导，对保证中国优秀传统文化融入高职德育工作的顺利进行有着重大的现实意义。

高职院校应建立专门的领导小组或办公室，由校领导牵头，组织协调各部门配合工作，解决问题，化解矛盾，保障各环节相互衔接，以提高融入工作的实效性。同时，领导小组或办公室还可以对外部环境进行整合提升，为融入工作创造良好的外部条件。

2. 健全激励机制

有科学研究表明，一个人的主观能动性和积极性源自自身的需要。高职院校要利用这一原理，通过制定科学的激励机制，增强教育政策的合理性，充分调动德育工作主客双方的积极性。将激励机制引入中国优秀传统文化融入高职德育工作的全过程，能使当代高职生比较容易地接受这一工作，提升他们学习中国优秀传统文化的自觉性，能够最大限度地激发他们的潜能，增强他们对中国优秀传统文化的认同感和归属感，提升高职德育工作的实效性。

当前，中国优秀传统文化融入高职德育工作是一项十分艰巨而复杂的任务，面对新形势下的实际情况，高职院校需要建立一套使融入工作产生显著成效的激励制度，不断创新融入内容、形式和途径。这种激励机制，高职院校可以通过建立相关的政策制度和考核标准来实现，对在融入工作中表现突出、成绩优秀的单位给予一定的物质奖励和精神奖励，可以对优秀的典型进行大力宣传和表彰，树立一个榜样。

此外，学校也可以制定相关政策，为中国优秀传统文化融入高职德育工作提供正确的政策支持，把思想引导与物质利益、精神利益等有机结合起来，形成一套有利于中国优秀传统文化融入高职德育工作的制度和氛围，加快融入工作的整体推进。

3. 完善综合评价体系

高职生综合评价体系体现了素质教育的理念。通过综合评价来促进高职生自我素质的提升，引导高职生全面均衡的发展，为祖国的发展培养人才。虽然综合评价体系一直在运用，但从目前的综合评价体系来看，还是侧重“智”方面的评价，对“德”的评价较为抽象与概括，操作起来十分困难。如果将中国传统优秀文化纳入学生的评价体系，可以解决“德”的抽象问题。

如何纳入呢？学校层面，将中国传统优秀文化纳入学期或者年度计划，并且制定相关的考核制度与监督机制。把中国优秀传统文化教育当作学校德育教育的重要部分，做到有制度可循、有章法可依。

教学层面，要把中国优秀传统文化的核心与精髓作为培养高职生的重要内容，从而引导高职生树立正确的人生观和价值观。

如何考核呢？高职生在校学习期间，会有很多评优评先的活动，把中国传统文化的学习作为评估评先考核的依据，如果未达到考核的标准，实行“一票否决制度”。同时，在高职生就业推荐表中也要涉及关于中国传统优秀文化学习的内容，提高高职生对中国优秀传统文化的认知。这些光靠学校很难实现，因此考核评价要坚持以下几项原则，才能具有实际操作意义。一是坚持以德为主的原则；二是坚持学校、社会、家庭三者的结合的原则；三是坚持客观公正的原则。只有坚持做好以上几项考核原则，才能充分调动高职生的积极性，起到激励和鼓励的作用，提升高职生的综合素质。

（八）打造网络教学阵地

有学者提出，优质的网络德育教育环境，是我们做好网络德育教育工作，取得网络德育教育实效性的重要保障。从智能电话出现到普及，人类的生活就像鱼离不开水一样，人的工作和生活都与网络挂钩。高职生也是“机不离手”，通过手机购物、吃饭（点外卖）、看小说、读新闻、看视频等等，简直是一刻也不能离身。

有学者对全国高等学校总体的网络平台德育教育进行总结后指出，学校对学生网络德育教育的投入不足，网络德育教育方法运行所需的硬件和软件建设相对薄弱，网站的建设理念落后，技术水平较低，网上德育教育阵地开发不足，现行多媒体的教学功能并未充分体现。

相比起五花八门的媒体网站、App 应用程序等，我国高职院校的网络学区没有跟上步伐。高职院校仍然保持着传统的网络推广方式，旧式的网站不仅过时，在手机上也不方便观看，网站的内容也缺乏吸引力和凝聚力。许多高职院校的德育教育网站形式单一、内容枯燥、更新不及时，难以吸引高职生的注意力。

当前许多高职院校网络德育教育没有主动出击，占领和开拓新的网络德育教育阵地，只是发布文件和学校通知，与当今时代的发展变化和高职生的需求相脱节，缺乏互动，没有充分地发挥网络德育教育的功能与作用。

学校在学习和践行社会主义核心价值观的过程中，高职德育教育的工作者要充分运用网络新媒体及各种平台，通过分享专业文章、学术报告、精彩的教育教学视频等方式，寓教于乐，激发当代高职生感知中国优秀传统文化的热情，让高职生以其喜闻乐见的方式收获知识。

具体来讲，可以从以下几方面着手打造网络教学阵地。

1. 建立含有中国优秀传统文化因素的德育网络平台

互联网科技革命，不仅诞生了快捷的通信工具如互联网和手机，还更新了人们的交流载体，让人们的生活更开放，也更私密，让文化更容易走进人们的生活，也更容易走出人们的生活。根据中国互联网络发展状况调查统计报告显示，学生群体已经连续 15 年居于网民数量的首位。高职生的兴趣爱好和高职校园的热点受到了新兴传播媒介的很大影响，比起在教室内交谈，学生更愿意在朋友圈中点赞、评论，与听老师在课堂说教相比，学生更喜欢在老师的微博上看老师写的日记。因此，高职德育在常规教育的同时应该适应科技大环境的更新换代，利用科技让德育变得活泼生动。

建设微博、微信公众号，除传播基本图片和文字信息外，微信公众号还能用语音发送录制的中国优秀传统文化内容和其他德育信息，增强高职德育过程中教师与学生、学生与学生、学生与教育的互动性。而且，这是为广大高职生设立的一个网络服务窗口，能时刻倾听高职生关于德育最新最真的诉求，在高职生与德育间搭建起一座网络上的联系桥梁。力争从多方位建立中国优秀传统文化网络传播平台，这将有利于加强德育与高职生之间的互动交流，促进高职生更快、更好地融入高职校园，拉近彼此之间的距离，提升高职生对高职德育工作的关注度，真正建立起学校与高职生之间互动性和开放性相结合的双向流通的传播模式，消除传统媒介传播信息覆盖率较低、效率不高等缺陷。这必定能提升高职生的责任感和主人翁意识，为高职院校顺利开展其他各项校园活动提供基础和传播环境。

2. 完善高职生教育网络并开辟中国优秀传统文化论坛

网络和新媒介扩大了师生接受信息的自主权，任何人都可以通过新媒体及时获得各种信息，这也给高职德育的舆论导向管理带来难度。在新媒体教育背景下，继续坚持高职德育工作的优良传统，弘扬高职德育的主旋律和坚持正确舆论导向，维护高职德育的工作原则性，需要高职院校进一步完善高职德育网站，并大力弘扬中国优秀传统文化。

开辟中国优秀传统文化论坛。首先，论坛允许每一个“游客”在不违反法律法规的条件下自由发言；其次，论坛能形成较好的互动，大家可以根据评论进行再评论、再讨论，这能实现讨论的深刻性。因此，在高职教育网络中开辟中国优秀传统文化论坛，能激发高职生积极主动挖掘优秀传统文化的潜能，能在高职生校园生活中形成讨论优秀传统文化的氛围，还能减少高职生在网络中玩游戏、看电影的时间。

具体来看，富有吸引力的高职德育网络阵地应该直面新时期高职德育中的热点和难点，针对高职生对新时期高职德育工作中的种种困惑和疑点，通过科学理论的说服力、优秀传统文化的感召力、客观事实的雄辩力及时进行引导教育。同时，高职德育工作者能借助网络技术优势，及时收集、处理来自各方面的思想信息，分析原因，查找根源，制定对策，有针对性地开展网上高职德育。高职院校和教师应以积极主动进攻的态势，改变目前我国网络宣传中的“守势”，对于一些网站宣扬的资产阶级人生观、价值观以及资本主义腐朽生活方式和黄赌毒等内容，要针锋相对地加以抵制和斗争。

3. 创办电子期刊并设置中国优秀传统文化专栏

电子期刊，首先解决了高职生阅读问题，丰富了高职德育的传播形式；其次，电子期刊制作成本低、更新速度快，色彩、图片搭配更为丰富，还能配合音乐，阅读形式新颖，更能将中国优秀传统文化真切地表达出来；最后，电子期刊具备纸质期刊同样的特质，即严肃性和权威性，让高职德育的分量和重要性深入每一位高职生的心中。

因此在设立电子期刊时要注意以下三个方面。

一是内容要做到丰富化、全面化，在电子期刊各个栏目中要科学合理地设置相关栏目和内容，要及时更新我国优秀传统文化的范围和内容。

二是电子期刊和中国优秀传统文化栏目设立的目标是要帮助高职德育由单一的形式和内容，走向丰富化，这一途径还要引导学生和老师自觉转化思维和想法，形成艺术方式的渗透和转化。

三是万变不离其宗，电子期刊和中国优秀传统文化内容一定要形式生动、图文并茂、声像兼美，只有这样才能使电子期刊和中国优秀传统文化栏目长久地得到学生和老师的喜爱，才能发挥现代科技和网络技术的魅力，才能为高职德育服务。所以，通过高职院校对新媒体的充分掌握和运用，新媒体成为高职德育建设最有效的途径之一指日可待。

（九）构建联动育人体制机制

1. 完善领导与管理体制

为了更好地提升“立德树人”德育工作的成效，学校务必从宏观上完善领导和管理体制，进行顶层设计。首先，应结合党的十八大、十九大相关文件精神，明确“三全育人”理念，拓展高职德育新途径，即将中国优秀传统文化融入高职德育，并将这种融合纳入学校事业整体发展规划中，提炼特色学校文化，引领学校德育工作开展。其次，结合学校发展的几大主线和模块，在“党建工程”“学生综合素质提升工程”“专业建设工程”“产教融合工程”等项目中体现德育思想，彰显中国优秀传统文化的影响因子。最后，列出“时间表”，画好“施工图”，全方位开展育人工作。各二级学院（或系部）依此分化任务，列出计划，制定目标，保证德育成效。只有顶层设计好，德育工作才能有制可依、有章可循、有的放矢。

2. 形成多层育人机制

建立“大思政”“大德育”格局，学校各部门通力合作，努力做到“教学育人、管理育人、服务育人”三管齐下。教务处牵头全面启动课程思政改革，要求各专业在人才培养方案里体现课程思政元素，开展“课程思政”教学比赛，以赛促改，以赛促进。宣传部、学工处、高职研究所鼎力合作、协调互动，开展相关文化理念和文化建设路径研究，形成一系列高质量理论成果，以理论促实践发展。马克思主义学院（或思政部）以及各二级学院（或系部）将高职特色的“工匠精神”和“感恩知责”传统美德融入思政课堂和日常教育内容，积极建设以中国优秀传统文化为主要内容的精品课程。

工会、各党总支部、团委及二级学院组织师生开展内容丰富的主题活动，鼓励学校志愿者团队与社会其他组织合作，开展各种公益活动，让“工匠精神”和“感恩知责”理念成为广大师生员工的意识常态。学工、后勤及物业在学生生活区布置文化墙，开展公寓文化节，利用各种时间节点开展形式多样的活动，育人于细处、小处、实处。

3. 构建价值认同机制

价值认同的实现过程一般会经历“理性认知、情感认可、行为认同”三个阶段，是由浅入深、由内到外的动态循环过程。

理性认知教育方面，主要以教师的教育引导为主，帮助学生建立对事物的认知。情感认可教育方面，需要教育者采用多样化的教育手段，精心设计有针对性的实践情境，迎合受教主体特征，促成其内心层次的隐性认同。

行为认同是价值认同的终点和归宿。大学生的感性价值认知一旦形成实践体验，并在实践中得以证实，就会内化为理性价值认同，甚至形成道德信仰，再外化为积极的实践行动。因此，教育者必须采取多样化教育手段，发挥文化的渗透和熏陶作用，以激励教育、仪式教育、传播同化、榜样示范、增加体验等方式构建价值认同机制。

4. 出台评价与激励机制

虽然德育工作重精神，但主体也需要一定的“支持”“鼓励”“认可”，以形成自身发展的内驱力。基于此，学校可以出台高职大学生素质拓展学分认定办法，建立学分银行，实行学分置换，鼓励学生从事各种社会实践活动，在学习之余全面修炼自身。同时，定期表彰在学习、技能大赛、社会实践中表现优秀的集体和个人，张贴喜报，加大宣传，开展榜样巡讲，以仪式感增强学生的自信心和内驱力，对其他学生形成引领带动效应。

四、厚植家庭伦理文化

家庭作为孩子出生和成长的地方，是孩子的第一所学校，而父母就是孩子的第一任老师。由此可见，家庭教育在孩子的成长过程中有很大的影响。从孩子咿呀学语开始，父母的一言一行就都在孩子的眼中了。有人曾经说过，孩子就是父母的一面镜子，在孩子身上能看到父母的行为特点、性格习惯。所以，要重视家庭教育方面中国优秀传统文化的渗透。

高中毕业，踏入高职校园的学生一般都已年满 18 周岁，具有一定的是非判断能力。但是，在经历了中学以学业为主的学习时期之后，刚刚步入高职校门的学生，其性格发展和行为习惯的形成还处于待成熟的时期，周围的一切对他们来说都是那么新鲜且有诱惑力。在这个特殊的阶段，家庭教育和学校教育同样重要。因为高职生除了在校上课学习的时间以外，包括寒暑假在内的很长一段时间都是在家庭中与父母一起度过的，父母的言传身教、对他们的心理疏导，在高职生成长成才的道路上起着举足轻重的作用。所以，在家庭教育当中父母也要懂得运用中国优秀传统文化中所包含的传统美德对高职生进行教育和影响。

（一）营造良好的家庭氛围

中华民族作为一个历经千年的古老民族，其宗族观念也在历史中传承了下来。中国自古以来，就提倡营造尊老爱幼、和睦友善的家庭氛围。就现实层面来说，良好的家庭氛围与孩子的道德修养水平、价值取向是密切相关的。因此，父母在家庭活动中可以有意地就一些时事新闻与孩子展开讨论，关注孩子的思想动向，并适时地以中国优秀传统美德对孩子加以引导，帮助孩子树立正确的价值取向和理想信念。同时，要重视良好家风的养成。所谓家风，就是指家庭或家族中世代相传的生活作风。它一旦形成，就对家庭子弟具有很强的教化作用，良好的家风对孩子的成长也有非常重要的作用。

（二）父母发挥榜样示范作用

父母要时刻以传统美德规范自己的言行，以起到榜样示范的作用。高职生的思想正处于成熟期，父母的言谈举止、思想观念对他们的影响十分明显。因此，在家庭生活中，父母就要自觉地践行社会主义核心价值观的要求，用实际行动来践行中华民族流传至今的传统美德，例如，热爱祖国、尊敬和孝顺父母、对邻里友爱互助、尊师重道、帮助弱小等，以自己的实际行动来教育孩子，促进其正确的人生观、价值观的形成，使其养成高水平的道德素质。

（三）重视亲子间的沟通和交流

要注重与孩子的沟通和交流，时刻关注孩子的心理动向，对孩子产生的负面情绪要及时疏导，以免孩子走上歧途。虽然高职生大多已经步入成年人的行列，但是在他们的成长过程中，父母的关注仍然是十分有必要的。父母不能觉得孩子长大了，就任由其发展，也不能只重视孩子的物质富足，而忽视孩子的精神世界，要在尊重孩子自由成长和选择的同时，适时适当地给予孩子以正确的价值导向和心理疏导，在帮助他们健康成长的同时，也促进其道德水平的提升。

五、营造社会文化氛围

研究德育规律，必须研究受教育者所处的环境。德育是在一定的时空环境中展开的，包括自然环境、社会环境，而社会环境包括社会经济、政治、文化和社会心理等。在当今网络信息迅猛发展的时代，社会文化环境对人的影响，尤其对高职生身心发展和道德观念的影响是直接的、巨大的，无时不在、无处不有的。

（一）营造全民学习的氛围

社会环境对个体道德成长的影响是隐性的、渗透的，具有“润物细无声”的教化特点。在社会文化环境的影响中，中国优秀传统文化的影响起着十分重要的作用。中华文化的基因深深地刻印在中国人的思想里、头脑里，流淌在中国人的血液里，时时刻刻反映在中国人的生活里，虽然看不见、摸不着，但总会通过一句成语，或一个故事，或一种为人处事的方式冒出来，通过一个家族的道德观念、一种家风绵绵不断地流传下来，这些东西对一个孩子的成长起着潜移默化而又深远强大的作用。

因此，当今天我们认识到中国优秀传统文化融入德育的必要性、重要性的时候，必须采取措施在全社会弘扬中国优秀传统文化，永远不要丢掉我们的文化根脉。应该大量出版中华文化经典，举办各种形式的传统文化讲坛、家庭伦理研修班，制作传播传统文化的文艺作品，举办纪念先人的各种仪式，在全社会大力倡导孝道诚信、和谐友善、重义轻利等传统道德观念，营造学习践行中华文化的深厚氛围，为广大高职生学文化、重德性提供正向效应。

（二）建立联动机制

《中共中央国务院关于进一步加强和改进未成年人思想道德建设的若干意见》指出，要形成“党委统一领导、党政群齐抓共管、文明委组织协调、有关部门各负其责、全社会积极参与的领导体制和工作机制”。

中国优秀传统文化融入高职生德育涉及方方面面的工作，要建立协调联运机制，统筹各方面的力量，形成合力。各级党委教育工作部门和教育行政部门要把加强中国优秀传统文化教育作为一项战略任务，与宣传、文化、新闻出版广电等部门以及工会、共青团、妇联等群团组织密切配合，建立健全党委统一领导、党政群齐抓共管、有关部门各负其责、全社会共同参与的工作机制，形成中国优秀传统文化教育的合力。

完善中国优秀传统文化教育的评价和督导机制，加强中国优秀传统文化教育教学研究，为完善中国优秀传统文化教育提供坚强保证和良好条件。

（三）加强舆论宣传

推动舆论宣传进一步加强，形成全社会重视运用中国优秀传统文化开展德育的氛围。在我们的调查中，高职生认为传播和学习传统文化的最佳途径和渠道是传媒，其次是长辈传授，第三位是课堂知识，最后是同学交流，这说明了媒体在宣传传统文化中的重要性。但同时高职生认为媒体对中国优秀传统文化的宣传是不到位的。有29.2%的学生在“你觉得现在各种媒体对中国传统文化传播的程度如何”的问题中选择了“宣传不到位”。因此，媒体应当加强对传统文化的宣传，同时避免传统文化过度娱乐化、商业化的倾向，以免高职生的传统文化热情被过浓的娱乐商业气息消磨耗尽，以致陷入新的困境。

事实上，如果传统文化教育和各种传媒，包括传统媒体和新媒体，紧密结合，有序推进，通过健康的积极向上的形式表现出来，使高职生在轻松愉快的过程中得到教化感染，是完全可行的，其效果是可以期待的。但是，目前因多方面的原因，真正意识到媒体应当承担文化传承使命和通过文化进行道德教化的媒体并不多见，大多数媒体忙于完成政治宣传任务，或者忙于实现自身的经济效益，甚至有的因为利益而不顾导向，没有底线，致使媒体形象大打折扣。宣传部门应该进一步明确媒体的使命和责任，主要媒体应开辟推介中国优秀传统文化的栏目，甚至开办专门的电视频道，下大力气加大中国优秀传统文化宣传力度。

六、净化网络媒体环境

在互联网时代，网络文化无处不在，我们的日常生活受到网络文化的影响，尤其是青年高职生群体，网络媒体的盛行，丰富的网络文化对高职生来说是一把“双刃剑”。高职生可以利用网络文化扩展知识面，开阔视野，获取众多所需知识和资料信息，及时了解世界动态，丰富课余生活，提高创新思维和能力，促进主体成长、个性发展和人际交往等。同时，网络文化对高职生的思想道德的形成也具有一定消极影响。

高职教育阶段是高职生世界观、人生观、价值观形成的关键时期，高职生由于好奇心重、求知欲旺盛，容易较快地接受新生物。高职生的特点和所处环境使他们极易受到外界影响，也决定了他们的思想意识和价值观的不稳定性，而超越国家界限的多元文化容易使高职生困惑，失去判断是非的能力，也使高职生原有的文化和价值产生动摇甚至遭到破坏。同时，一些西方国家打着所谓“普世价值”的幌子进行西方国家意识形态的渗入，打破高职生已经形成的价值观念平衡，造成他们政治观念、思想意识的混乱。

网络的虚拟性和开放性，使网络内容鱼龙混杂，其中不乏低俗不良信息，拉低高职生的品位，误导他们的认知和人格形成。所以加强网络监督，净化网络环境，为高职生提供一个绿色、健康的网络环境，发挥网络文化的积极作用，营造良好的社会文化环境是十分重要的。

首先，加强网络文化的监督，从源头上根除低俗、社会禁止信息。全面监督，积极举报，让不良信息没有容身之地。高职院校可以采用“互联网+”思维，利用互联网解决网络问题，如“互联网+警察”“互联网+网民”，还有“互联网+平台”“互联网+服务商”“互联网+机构”，等等，用互联网织成力量强大、无所不在的天罗地网，有效地打击网上的违法犯罪行为，清除网上的不良信息。完善网络立法，采取实名制，规范网络主体上网行为，对传播、捏造不良信息的网民给予相应的制裁和惩罚，从而扼杀网络不正之风。

其次，加强高职生网络道德建设。网络的隐蔽性和匿名性使网络世界相比于现实世界更加复杂和开放，网络活动更加自由，虚拟的网络环境下很多网民的言行天马行空，不受约束，使得网络道德风气产生不良倾向，因此必须加强高职生的网络道德建设，使其正确利用网络，遵守网络道德规范。

总之，中国优秀传统文化融入高职生德育不是一项简单短期的工作，中国优秀传统文化教育与高职生的道德素质的提高都需要长期进行，需要契机与良好的环境，这需要国家、社会、学校、社会媒体、高职生互为一体，共同协作，相互支持配合，各自发挥自身价值，从而有效地促进中国优秀传统文化融入高职生德育这一系统复杂的工作。

参考文献

[1] 刘新跃 . 高校德育创新的理念与实践 [M]. 合肥：安徽大学出版社，2011.

[2] 丁海蒙 . 校园文化与高校德育联动探究 [M]. 上海：立信会计出版社，2013.

[3] 卢少华 . 科学视阈下的高校德育工作创新和发展 [M]. 北京：知识产权出版社，2016.

[4] 田建国，李东 . 大学德育创新实践走向 [M]. 济南：山东教育出版社，2016.

[5] 高健 . 高等学校德育教育理论与实践 [M]. 沈阳：辽宁大学出版社，2016.

[6] 陈慧，许瑞芳，冯晓莉 . 中国传统文化在高校思想政治教育中的作用 [M]. 延吉：延边大学出版社，2017.

[7] 白翠红 . 高校德育思维方式发展研究 [M]. 广州：中山大学出版社，2018.

[8] 赵勇 . 传统文化和大学生思想政治教育 [M]. 天津：天津科学技术出版社，2018.

[9] 顾博 . 探索中国优秀传统文化与大学生思想政治教育的融合 [M]. 北京：九州出版社，2018.

[10] 刘丽波 . 新时期高校德育教育创新发展研究 [M]. 石家庄：河北人民出版社，2018.

[11] 程样国，闵桂林 . 新时代大学生德育问题新探索 [M]. 南昌：江西高校出版社，2018.

[12] 邱影悦，徐辉，代小丹 . 传统文化视域下大学生素质教育的培养[M]. 长春：吉林大学出版社，2018.

[13] 曹志斌 . 大学生传统文化教育与高校文化建设研究 [M]. 西安：世界图书出版西安有限公司，2018.

[14] 刘忠孝，陈桂芝，刘金莹 . 高校德育论 [M]. 哈尔滨：黑龙江人民出版社，2019.

[15] 苏金良，卢洪利，王洪霞．中华优秀传统文化启蒙教育导论［M］．长春：吉林人民出版社，2019.
[16] 黄惠．优秀传统文化在高校思想政治教育中的实践应用［M］．沈阳：东北大学出版社，2019.
[17] 许智．浅谈中国传统文化对高职学校德育课教学的启示［J］．现代职业教育，2018（36）：290.
[18] 张静．优秀传统文化视阈下高职院校德育路径研究［J］．知识文库，2019（23）：36–37.
[19] 林大燕．优秀传统礼文化融入高职院校德育工作研究［J］．现代职业教育，2019（11）：38–39.
[20] 许媛．新媒体时代传统文化融入高校德育工作的研究［J］．传媒论坛，2019，2（04）：153.
[21] 陈刚，白一君．新时代高职学生中华传统优秀文化教育研究［J］．文教资料，2020（30）：31–33.
[22] 王楠．中华优秀传统文化如何切实融入高职院校大学生思想政治教育［J］．文教资料，2020（25）：64–65.
[23] 周丹．新媒体时代高职德育教育开展路径探索［J］．长江丛刊，2020（18）：161.
[24] 杨一唯．弘扬中国优秀传统文化与高职思政教育相结合［J］．发明与创新（职业教育），2020（06）：88.
[25] 凌烨丽．对优秀传统文化融入高职德育的思考［J］．教育与职业，2020（09）：83–87.
[26] 黄杰．中华优秀传统文化融入高职院校德育的路径探讨［J］．现代职业教育，2020（05）：6–7.
[27] 顾俊，蔡烨．浅析中华传统文化对高职学校积极德育的启示和渗透［J］．才智，2020（03）：173.